ALAN SIEGEL

BRANDING Y EL ARTE DE LA COMUNICACIÓN

"Alan hizo una labor extraordinaria al conseguir que nosotros transmitiéramos lo que nuestra marca es en realidad: no se limitó a crear un logo, sino que intensificó la profundidad de la marca empresaria, sacando a luz nuestra verdadera esencia".
—**Eva Hardy, vicepresidente ejecutiva de Asuntos Externos y Comunicación Corporativa de Dominion Resources**

"Ya sea a través de lo visual o de lo verbal, Alan Siegel siempre encuentra el modo de destilar lo complicado, convirtiéndolo en una comunicación de alto impacto que es a la vez clara y sencilla. Su reputación de llamar a las cosas por su nombre sólo se ve igualada por su férrea apreciación de la verdad en cualquier situación. Todos podemos aprender mucho de Alan".
—**Keith Reinhard, Presidente de Business for Diplomatic Action, y Presidente Emérito de DDB Worldwide**

"Alan Siegel posee una habilidad incomparable para intuir, definir, y presentar la esencia de una empresa, y luego avanzar hacia técnicas de comunicación que diferencien la marca apelando a la claridad. Asimismo, la dota de una ventaja que atrae y mantiene la atención en el mundo en que vivimos, cada vez más recargado".
—**Stephen B. Bonner, Presidente y CEO de Cancer Treatment Centers of America**

"Mucho antes que otros lo hicieran... Alan se refirió a la marca como a la suma total de todas las expresiones y experiencias de una empresa: la voz de la marca en el mercado. Declaró que cuanto más distintiva y convincente fuera la voz, tanto más fuerte y valiosa sería la marca. Es una idea simple y potente a la vez".
—**Claude Singer, Socio de Lippincott Mercer**

"Alan Siegel integró la creación del movimiento llamado *branding*; en verdad, fue el creador del concepto "voz de la marca". Al concentrarse en la simplificación de su marca, definió una herramienta de gestión y un campo de comunicación cuya importancia es crítica".
—**John F. Burness, Vicepresidente Ejecutivo de Asuntos Públicos y Relaciones Gubernamentales de Duke University**

"Las biografías son relatos de los éxitos y los fracasos de los seres humanos, de cómo prosperan y sobreviven. Estas narraciones nos educan, puesto que no podemos dejar de identificarnos con el protagonista en algún punto. La biografía de Alan Siegel nos cuenta la historia de un hombre que alcanzó el éxito y el liderazgo en un área que ni él ni sus amigos habían previsto. Es la historia de las conexiones poderosas, aunque invisibles, entre su pasado y su futuro. Relata, en fin, un desarrollo significativo que servirá de inspiración y confianza a sus lectores".
—**Bob Kerrey, Presidente de The New School.**

"En una época dominada por el lenguaje ambiguo y los eufemismos 'políticamente correctos, el hálito de frescura que trae Alan Siegel es bienvenido. Hace que lo complejo adquiera sentido, es un brillante artesano de la palabra, y un pensador estratégico al servicio de las organizaciones y los individuos. Este libro es, a un tiempo, un manual básico y un curso de posgrado para cualquiera que tome la comunicación con seriedad".
—**James L. Abernathy, Presidente y CEO de The Abernathy MacGregor Group**

ALAN SIEGEL

BRANDING Y EL ARTE DE LA COMUNICACIÓN

LOUIS J. SLOVINSKY

Jorge Pinto Books Inc.
New York

Alan Siegel. Branding y el Arte de la Comunicación

Copyright 2007 by Louis J. Slovinsky

Derechos de la edición en español © Jorge Pinto Books Inc. La presente traducción de *Alan Siegel. Branding y el Arte de la Comunicación,* Jorge Pinto Books Inc. 2008. Edición original *Alan Siegel: On Branding and Clear Communications* Jorge Pinto Books Inc. 2007.

Todos los derechos reservados. Quedan prohibidos la reproducción total o parcial de esta publicación, su almacenamiento bajo cualquier sistema que permita su posterior recuperación, y su transmisión por medios electrónicos, mecánicos u otros así como su fotocopiado o grabado sin previa autorización del editor, otorgada por escrito. Asimismo, de no mediar dicha autorización por parte de Jorge Pinto Books Inc. 151 East 58th Street, New York, NY 10022 USA, este volumen no puede ser prestado, revendido, cedido en alquiler ni enajenado comercialmente bajo ningún otro formato de encuadernación o portadas que difieran de aquel en que se encuentra publicado.

Alan Siegel. Branding y el Arte de la Comunicación es parte de la Colección *Biografías de Carreras* en español.

Traducción al español: Marta Merajver-Kurlat.

Composición tipográfica: Cox-King Multimedia, www.ckmm.com.

Edición impresa ISBN: 1-934978-03-5
978-1-934978-03-0

eBook ISBN: 1-934978-09-4
978-1-934978-09-2

Agradecimientos

Agradezco a todas las personas que me concedieron entrevistas para la realización de este libro, incluyendo a aquellas que, por diferentes motivos, no aparecen identificadas con nombre y apellido en el cuerpo del texto. Cada una de ellas contribuyó a mi mejor comprensión de Alan Siegel y de sus aportes al arte del branding. Mi especial reconocimiento a Mary Sauers, de Siegel+Gale, una extraordinaria controladora de tráfico que siempre me mantuvo bien encaminado, a Linda Raskin, correctora de galeras y de manuscritos sin igual, a Liz DeLuna, diseñadora gráfica y ayudante de cátedra de St. John's University, quien compiló una excelente bibliografía sobre diseño gráfico, y a mi esposa Joan, cuya paciencia sólo es aventajada por la de Jorge Pinto, mi editor.

L.J.S.

Contents

Agradecimientos • ix
Introducción del autor • xiii

Capítulo 1: Sueños del baloncesto • 1
Capítulo 2: Fotografía y composición • 13
Capítulo 3: El aprendiz • 23
Capítulo 4: Identidad clásica • 37
Capítulo 5: El derecho a la comprensión • 51
Capítulo 6: Creando una voz corporativa • 71

Fotografías e ilustraciones • 84

Capítulo 7: ¿Qué hay *realmente* en un nombre? • 93
Capítulo 8: Sobreviviendo a los ojos verdes • 101
Capítulo 9: La voz en la marca • 113
Capítulo 10: Cumpliendo con las expectativas de la marca • 127
Capítulo 11: Palabras finales • 133

Biografía del autor • 151
Notas • 153

Introducción del autor

El presente libro trata de Alan Siegel, maestro entre los diseñadores de marcas, pero no es una biografía en sentido estricto, sino una 'biografía de carrera', como llama el editor Jorge Pinto a este tipo de obra. De manera selectiva, el texto indaga en la formación y vivencias familiares de Siegel, así como en su carácter y temperamento, para arribar a la comprensión de qué fue lo que lo atrajo hacia el diseño de marcas, una profesión refinada en la que se destaca su liderazgo innovador. Y es también más que eso: sin ahondar demasiado, el libro muestra los orígenes de la creación de las marcas y cómo se trabaja en ellas hoy en día. Finalmente, indica que los grandes inventores de marcas se ganan el sustento sólo mediante la cooperación de grandes clientes. En este sentido, el texto rinde homenaje a los clientes valerosos del mundo entero.

Siegel se inició en el negocio de las marcas en el momento preciso. Una vez abierto el camino por Lippincott & Margulies,* pioneros en este campo, varias empresas consultoras se establecieron a fines de los años 60 y durante la década del 70 para posicionar o reposicionar a firmas comerciales y asociaciones sin fines de lucro necesitadas de un cambio de imagen. Invariablemente, las consultoras se lanzaban al mercado bajo la identidad de sociedades dedicadas a proporcionar identidad corporativa a sus clientes, cosa que llevaban a cabo mediante toques cosméticos que no iban más allá del aspecto visible, y que consistían en nuevos

---

* Reflejando la consolidación de las agencias publicitarias con los grandes colosos globales, en la actualidad, el negocio de la identidad corporativa se concentra en unas pocas compañías. Luego del traspaso de propiedad producido en 2003, Lippincott & Margulies se convirtió en Lippincott Mercer. Margulies falleció en 1989, mientras que Lippincott se retiró de los negocios en 1996 y murió dos años más tarde.

logos, colores, membretes y, en ocasiones, nombres nuevos. Finalizado el 'ejercicio', los ingenieros de imagen entregaban a los gerentes un voluminoso y detallado manual que contenía recomendaciones de lo que debían hacer y evitar hacer a fin de mantener la integridad de La Identidad.

Diseñadores gráficos graduados de Yale, Pratt, y de la Escuela de Diseño de Rhode Island se aliaron con ejecutivos publicitarios, estrategas de consultoras de gestión, y asesores en relaciones públicas para ofrecer lo que primero se llamó Identidad Corporativa para tomar en la actualidad el nombre de Branding. Los estudios dedicados exclusivamente al diseño gráfico y los gurús del diseño se despidieron de sus empleos en las corporaciones para tomar parte en la rabiosa competencia por el nuevo campo.

En 1969, al fundar Siegel+Gale con Bob Gale, quien no permaneció en la firma mucho tiempo, Siegel fue el primero en decir que las diferencias entre su práctica y la de veteranos como Lippincott, empresas más nuevas como Anspach, Grossman & Portugal, o aquella donde él aprendió los primeros pasos del oficio, se reducían a detalles menores, puesto que todos hacían más o menos lo mismo.

Sin embargo, Siegel estaba decidido a que la identidad corporativa diera un paso agigantado hacia delante. Aprendió a proporcionar soluciones sintéticas para sus clientes, con base en las necesidades, historia, *ethos*, cultura, empleados, productos, liderazgo y accionistas involucrados, contextualizando y testeando sus ideas a la luz de la realidad. Siegel deseaba que sus soluciones fueran funcionaran en un marco de flexibilidad y poseyeran las piernas incansables de un maratonista.

Desarrolló un enfoque multidisciplinario, casi psicoanalítico, para encarar los problemas planteados por el branding. Si bien es cierto que las raíces de sus soluciones arraigan en la historia, obedecieron a la evolución de la tecnología moderna y a las exigencias del mercado.

Los antecedentes del branding en gran escala y de la identidad corporativa integrada son legión, aunque esto no reconozca a simple vista. Consideremos, por ejemplo, a la Iglesia Católica Apostólica Romana. Desde sus inicios, la Iglesia desarrolló rituales, introdujo vestimentas especiales, y adoptó un complejo organigrama organizativo y de títulos administrativos impresionantes siguiendo una arquitectura corporativa cuidadosamente articulada. Ninguna otra organización cuenta con mejores símbolos, arquitectura, música, y lenguaje –todos ellos medios de comunicación– para provocar un impacto ininterrumpido en su esfera de influencia.

Cuando se considera que un movimiento emergente guarda proporción (o se encuentra alineado) con los propósitos y valores eclesiásticos, la Iglesia lo absorbe sin que se note fisura alguna. Los franciscanos coexisten con los jesuitas, y la Iglesia se expresa a través de una única voz corporativa. Por cierto que, al principio, esto no constituía una 'estrategia de comunicación' deliberada, pero es igualmente cierto que la Iglesia ha sacado provecho de su 'marca' dinámica, que ha resistido el paso del tiempo, con actualizaciones periódicas para conservar su vigencia. ¿Quién sabe si las fuerzas del Opus Dei superarán a las de los jesuitas, convirtiéndose en los protectores de la iglesia?

A través de la historia, las megamarcas –utilizando el término 'marca' de manera inespecífica– han surgido y desaparecido. Algunas evolucionaron de modo orgánico, mientras que otras fueron tradiciones de las que alguien se apropió. Lo que las marcas exitosas comparten es la familiaridad instantánea que despiertan en las gentes de su época, ante quienes evocan poderosas imágenes y asociaciones. Se comunican con un lenguaje vívido, y todas se hallan dotadas de puntos de vista característicos.

Tal como lo señalara Wally Olins, consultor británico de marcas, el branding moderno puede rastrearse hasta los tiempos en que los medicamentos específicos se comercializaban en el siglo XIX. La Coca Cola capitalizó brillantemente su marca como una herramienta de marketing masivo, convirtiéndose en el mayor anunciante de los Estados Unidos. No pasó mucho tiempo antes de que los productores de cereales (Kellogg's), de jabones (Lever Bros. y Procter & Gamble) y un sinnúmero de otras industrias, desde las que producían artículos para el hogar hasta automóviles, comenzaran a crear sus propias marcas.

Además de distinguirse de la competencia, las marcas construyen la confianza del consumidor al erigirse en representantes de productos de calidad estable y precios estándar. Ya sea que bebamos Coca Cola en Atlanta, Des Moines, o San Diego, sabemos qué gusto tendrá y cuánto habremos de pagarla: la calidad precede a la permanencia del nombre. Por otra parte, las marcas de los servicios dependen de la naturaleza y conducta de las personas que se encuentran tras el nombre, lo que las somete a grandes variaciones. ¿Es acaso posible controlar la calidad del comportamiento de los empleados del mismo modo que se hace con la receta secreta y el proceso de fabricación de una bebida? Quizá sí, pero no es tarea fácil, pues se trata de cumplir con lo prometido; de ganarse una *reputación*.

En los 70 y 80, se produjo un desplazamiento del concepto de branding desde las mercancías envasadas masivamente publicitadas hacia las compañías que las fabricaban. Se adjudicaban 'marcas' a las corporaciones, las asociaciones sin fines de lucro, e inclusive a los individuos. Como función de los movimientos de consumidores, sumado a una creciente toma de conciencia de la responsabilidad social de la actividad comercial, una población más educada comenzó a observar a las empresas que se hallaban *detrás* de los productos. Lo que los consumidores se preguntaban era quién era responsable de los productos defectuosos o contaminantes.

Siegel comprendió que la mayoría de las corporaciones "ofrecen información confusa a sus clientes, empleados, y otros grupos. No desarrollaron un lenguaje coherente y convincente para definir quiénes son, qué hacen, y qué representan". Afirmó sin rodeos que la información que emiten carece en absoluto de matices, en tanto no es posible inferir, de sus mensajes generalizados, si una determinada compañía se identifica con la funcionalidad, el glamour, la elegancia, o la practicidad.

Siegel+Gale diseñaron, refinándola constantemente, una metodología propia basada en los hechos a fin de revelar la personalidad característica de cada empresa y la visión que persigue. Durante un período de su existencia, su firma llamó a este concepto 'la Voz Corporativa', un paso previo al enfoque sobre branding que adoptarían más tarde. La idea central consistía en trabajar hacia un ideal único, "una estrategia límite", como la llamaba Siegel, capaz de guiar la implementación de soluciones en todos los niveles de la organización.

Siegel abogaba por una totalidad de la expresión corporativa. La 'Voz Corporativa' no es un logo, una 'lavada de cara', ni una campaña publicitaria. No se trata de que las corporaciones entonen su canción a los decibeles más agudos, sino de que canten armoniosamente. Se necesitan habilidades superiores para variar la modulación de la Voz, para evitar una comunicación monolítica generada en los niveles superiores y transmitida hacia los inferiores, para lograr que los mensajes de la organización operen al unísono y *resuenen*.

Este breve volumen muestra por qué funciona la Voz Corporativa, y por qué constituye una de las dos grandes contribuciones efectuadas al branding por Siegel+Gale. Su otro aporte significativo consistió en la Simplificación del Lenguaje: el arte de emplear lenguaje claro y comprensible en documentos como los formularios impositivos, los acuerdos de préstamos, y la 'letra chica'. La Simplificación del Lenguaje —una idea verdaderamente revolucionaria— construye un tipo de comunicación de inmejorable claridad, funcionalidad, y sinceridad para *reforzar* el contacto entre la compañía y sus clientes. Sobre todo, la simplificación ofrece a las organizaciones una herramienta poderosa y visible para el manejo de sus relaciones con los clientes, e inclusive apuntala la lealtad de estos últimos. El uso de un lenguaje transparente en los documentos relacionados con transacciones comerciales ayuda a 'alinear' —nos explayaremos luego sobre este término— a las compañías con sus promesas de liderazgo y receptividad hacia las inquietudes del cliente. Tal vez sea éste el mayor legado de Siegel, puesto que nos afecta a tantos. "Lo simple es inteligente", el lema de Siegel+Gale, fue un objetivo que jamás abandonaron, al punto que aún hoy es el imán que guía los pasos de la firma.

Como todo lo demás en el campo de los negocios, la Voz Corporativa también evolucionó, y en la actual jerga comercial se la denomina Branding, un término a menudo mal definido y poco comprendido, tal como lo expresa Siegel en su libro. Nos guste o no, la palabra 'brand' [marca] se ha trasladado al dominio público, y se la aplica a las ofertas de los asesores, a los nombres de sus firmas, y a prácticamente cualquier cosa. Los Yankees de Nueva York son una marca, Apple Computers es una marca, y lo mismo puede decirse de Tom Cruise. ¿Cómo puede ser? ¿Acaso el uso descuidado ha desnaturalizado peligrosamente el concepto de 'marca'? Siegel está convencido de ello.

¿Y qué hay de Alan Siegel, el protagonista de esta "Biografía de carrera" de Pinto Books? No es diseñador ni redactor publicitario. Hay quienes dicen que es sólo un presentador aceptable, sin ninguna educación formal en estos temas. Y, sin embargo, *es* un gran comunicador, un analista astuto, y alguien que resuelve un elevado porcentaje de los problemas que se le plantean. Al pedírsele que lo describa sucintamente, un ex ejecutivo de Siegel+Gale dice, sencillamente: "Tiene razón. Casi siempre tiene razón".

Las semillas del éxito de Siegel arraigaron en muchos terrenos: en el amor incondicional que le profesaba su madre y en el ejemplo que le marcó, exhortándolo a apuntar alto, triunfar, y no dejar de aspirar a logros más elevados; en la cancha de pelota al cesto, que dio pie al comentario del escritor Sidney Offit, un compañero de tenis, de que el gusto de Siegel por el estrellato deportivo durante la década de los 50, cuando se practicaba el culto a los deportes, funcionaba a modo de tónico para incrementar su confianza –tampoco hacía daño ser carismático y de elevada estatura– y en su talento para identificar y aprovechar epifanías doradas, correr riesgos, resistirse a los conocimientos convencionales, y no temer los peligros de la innovación.

Detrás del telémetro de la cámara, copiando fotografías en el cuarto oscuro, Siegel reconoce que la fotografía concentró su creatividad y aguzó su capacidad de observación.

A excepción de haber sucumbido a las exageraciones de la burbuja informática –¿pero quién no lo hizo?– Siegel rara vez dejó de reconocer una gran idea que, fuese suya o ajena, se prestaría a una explotación comercial provechosa si se la desarrollaba a pleno y con el debido entusiasmo.

Esta es, entonces, también la historia de Alan Siegel, un nombre no muy conocido para el público, pero un competidor respetado por sus pares, un hombre sin gran apoyo basado en las conexiones de su familia, que recibió una educación tardía, financiado mayormente por la garantía que representaban sus ideas, y convertido en un visionario cuyo destino era fundar y dirigir su propia empresa.

En el negocio de construir marcas comerciales, las empresas consultoras declaran tener los mismos clientes en sus carteras, debido a que las grandes compañías y sus subsidiarias suelen solicitar propuestas a un universo reducido de expertos. Pero si se indaga quienes fueron y/o son los clientes a quienes Siegel+Gale atendieron durante los últimos treinta y cinco años, cobrando honorarios o ad honorem –AARP, Disney, Pitney Bowes, Motorola, Merrill Lynch, American Express, Dell, Dow, Sony, Lexus, Microsoft, 3M, Fuerza Aérea de los Estados Unidos, Nature Conservancy, Fundación Robert Wood Johnson, Dominion Resources, Ente de Transporte Metropolitano (MTA), The New School, las Girl Scouts, Sun Trust, Lehman Brothers, Allstate Insurance, y muchos más– se entera uno de que la 'penetración basada en la simplicidad' de Alan Siegel contribuyó eficazmente a la construcción de dichas marcas.

Louis J. Slovinsky
Katonah, Nueva York

Capítulo 1: Sueños del baloncesto

Alan Siegel, un mediocre estudiante de secundaria que apenas si alcanzó el puntaje necesario para ser admitido en una de las ocho universidades estadounidenses de mayor prestigio, apostó a la pelota al cesto, su primer amor, para obtener su pasaje al éxito. A pesar de ser un lector voraz, no escribía mucho ni se destacaba en el arte de la comunicación. Esto habría causado una muy mala impresión en sus futuros clientes, invariablemente hipnotizados por la claridad de sus presentaciones. Por cierto, si su escuela secundaria hubiese contado con un club de debates, Alan no habría tomado parte en él. Todo lo que deseaba era jugar al baloncesto, hasta ocho horas diarias, arrojando la pelota, noche tras noche, al aro instalado en el garage de su hogar. Por la mañana, se cubría los ojos con una venda y peloteaba de un extremo al otro de la calle. En algunas ocasiones, se ataba la mano derecha a la espalda, utilizando sólo la izquierda para desarrollar la habilidad de ambas manos por igual.[1]

La juventud de Alan Siegel daba pocos indicios de que habría de embarcarse en una carrera de negocios de alta especialización y destacarse en ella. Al igual que muchos inmigrantes, sus ancestros llegaron en busca del Sueño Americano. Su bisabuelo había nacido en Rusia, y su bisabuela en Hungría, en tanto que sus padres y abuelos eran estadounidenses. Eugene, su padre, hablaba algo de yiddish, cosa que Alan recién descubrió cuando el anciano pisaba los ochenta años. Siegel padre trabajaba como vendedor en Knapp Photoengraving, una empresa que fabricaba láminas de cobre para anuncios publicitarios de gran calidad a cuatro colores.

Antes de la penetración universal de la televisión, Madison Avenue no podía prescindir del fotograbado. Durante el auge de los grandes anuncios publicitarios impresos, Gene trabajaba hombro a hombro con los directores de arte de las mejores agencias de publicidad para confeccionar láminas y realizar las pruebas correspondientes, ajustando los trabajos a las necesidades del cliente. Por ejemplo, trabajó estrechamente con Henry Wolfe, reputado director de arte quien, junto con Stewart Greene, Dick Rich, y Mary Wells, fundaron una de las grandes agencias de la época: la Wells, Rich & Greene.[2]

Siegel declara que "creo que lo aprendí de mi padre fue cumplir puntualmente los plazos, no engañar al cliente, y darle lo prometido". Conocido y respetado por los más afamados especialistas en publicidad, Gene fue siempre puntual, directo, y confiable, tres cualidades que las agencias admiraban. Siegel continúa: "Así es cómo ingresé en el negocio de la publicidad y en la industria de las artes gráficas". Su padre lo familiarizó con el proceso de fabricación de láminas, sin dejar de insistir en que todo dependía de la fotografía.

Con ayuda de su padre, Alan obtuvo un empleo de verano en Gilbert Advertising, cuyo cliente más reputado era London Fog, el fabricante de impermeables. Dice Siegel: "Las agencias confiaban en mi padre. Poseía sólidos conocimientos técnicos, era confiable, defendía los intereses de sus clientes, y cumplía con lo que se había comprometido a hacer. Era un comunicador excelente; es decir, realmente comprendía el negocio de las artes gráficas".[3]

Ruth, la madre de Alan, no era una simple ama de casa, sino una líder comunitaria. Presidía el capítulo local de la Hadassah —organización judía femenina dedicada a la caridad en temas de servicios y educación— en Long Island.

Aunque no había asistido al *college**, poseía la capacidad de tratar en pie de igualdad con personas que habían cursado estudios superiores. Llegó a presidir la Asociación de Padres y Maestros, y dirigió campañas cuyo propósito era que se restableciera la financiación a las escuelas de Rockville Center, lugar de residencia de la familia. Redactaba discursos elocuentes, y representaba "una fuerza poderosa con la cual la gente se sentía identificada".[4]

Alan Siegel nació el 26 de agosto de 1938 en Nueva York, enfrente del Palacio de Justicia del distrito de Bronx y a la sombra del vasto estadio de los Yankees. La familia se trasladó a Rockville Center cuando el niño contaba cuatro años de edad. El nuevo vecindario, sede de la diócesis de la Iglesia Católica Apostólica Romana de Long Island, era una comunidad suburbana habitada por miembros de la clase media, algunos profesionales, y una mayoría de pequeños comerciantes y familias pertenecientes a la clase obrera.

El único vecino acomodado era Ralph Schneider, fundador y luego presidente de Diners Club. Creado en 1950, Diners comenzó ofreciendo sus tarjetas a unos 200 'socios', mayormente vendedores de Nueva York que agasajaban a su clientela en catorce restaurantes de la ciudad. Transcurrido un año, el Diners Club reunía a 20.000 miembros y había firmado contrato con mil restaurantes. Eugene Siegel recibió la tarjeta Diners No. 00064. Alan recuerda que, cuando viajaron a Europa, no les aceptaban la tarjeta; pensaban que era una falsificación. Calle abajo vivía Harry Henshel, presidente de la empresa relojera Bulova Corp. Los Henshel fueron los primeros vecinos que compraron un aparato de televisión (un Dumont), y de vez en cuando invitaban a los Siegel, fanáticos del deporte, a mirar los combates de box.[5]

---

* En los Estados Unidos, y dentro del uso corriente, el término refiere a la educación post-secundaria, de cuatro años de duración y dentro o fuera de una universidad, que no implique la obtención de un título de grado. [N. de la T.]

Alan permaneció en la comunidad hasta su segundo año de secundaria en Southside High School. El momento coincidió con la situación crítica por la que atravesaba el negocio de su padre, y los Siegel, en busca de alojamiento menos costoso, se mudaron a Long Beach, una ciudad balnearia ubicada sobre el linde oceánico de Long Island. Los cuatro miembros de la familia –contando a Susan, la hermana de Alan, ya fallecida– se apiñaron en un minúsculo apartamento, para luego ocupar un pequeño bungalow sobre pilotes en Reynolds Channel, dentro de la misma localidad. La vivienda contigua estaba habitada por Joseph Carlino, el Presidente de la Asamblea Republicana del Estado de Nueva York, quien habría de ayudarlos más adelante.

Oportunidades inesperadas

A diferencia de Rockville Center, con sus pulcras casas y bien cuidado césped, Long Beach estaba de moda, y sus playas atestadas de amantes del sol en verano se tornaban solitarias y deprimentes en invierno. Al igual que Matt Dillon en la película *The Flamingo Kid*, ambientada en una época posterior, Alan trabajaba de día acarreando sombrillas, tumbonas, y tragos en la playa Lido, y por las noches estacionaba autos a veinticinco centavos cada uno.[6] La mudanza a Long Beach y su pase a la secundaria local contribuyeron a que desarrollara un talento que le proporcionaría dividendos durante muchos años. A los 14, en Rockville Center High, su escuela anterior, había sido el primer estudiante de primer año de secundaria en jugar para un equipo universitario de baloncesto. Con su extrema delgadez y su metro ochenta y tres de altura, se desempeñó como defensor y delantero, compitiendo contra muchachos de 18 años, entre los que se encontraba Jim Brown, estrella de la Manhasset High School, quien fue galardonado trece veces por destacarse en cinco deportes diferentes y acabó por convertirse en el jugador profesional de fútbol americano más grande de la historia.⁷

En Long Beach High, Alan Siegel jugó bajo la conducción de Robert Gerstern, un legendario jugador de béisbol y baloncesto de la Universidad de Carolina del Norte, quien lo recuerda como a un delantero potente que dominaba el rebote. Habiendo asistido entre los cinco y los dieciséis años al campamento veraniego familiar del entrenador Gersten, ubicado en Brant Lake (montes Adirondacks, en el estado de Nueva York), Siegel conocía bien a Gersten. Fue allí donde aprendió a jugar baloncesto, compitiendo no sólo contra otros muchachos de su edad, sino contra asesores del lugar mucho mayores que él, que ya jugaban para importantes equipos de *colleges*. "Mi sueño siempre fue ingresar al *college* mediante una beca obtenida por mis habilidades de jugador", declara Siegel.⁸

Durante sus años de secundaria, el entrenador Gersten, su "mentor y padre sustituto", fue la única persona a quien Siegel admiraba y escuchaba. Gersten se desempeñó como rector del Nassau Community College hasta su jubilación. En el presente, a sus 86 años, todavía juega al tenis y al golf un par de horas al día, a pesar de sus dos trasplantes de cadera. Siegel afirma que "es fantástico, un tipo fenomenal, de quien me siento muy cerca".

En la escuela secundaria, su héroe era Tom Gola, del LaSalle College (1952-1955), reclutado por los Philadelphia Warriors y cuatro veces ganador del título de jugador amateur por su lanzamiento con ambos pies apoyados sobre la cancha, una posición que Siegel emulaba. Sin embargo, fue Dick Heylmun, un defensor principiante del equipo de la Universidad de Pennsylvania quien lo inspiró a jugar para ellos, aunque a último momento cambió de opinión y se decidió por la Universidad de Cornell. A pesar de que el joven Siegel defraudó así a su *alma mater*, Heylmun le escribió una carta de aliento, apoyando su elección final, pues él mismo tenía a Cornell en gran estima. Cuando Siegel se graduó de Long Beach High, su puesto en el equipo fue ocupado por Larry Brown, quien desarrolló una distinguida carrera como jugador y entrenador en la escuela, la ABA, y la NBA.[9]

Totalmente inspirado

Existían buenas razones detrás de la decisión de Siegel de optar por Cornell. Al igual que otras universidades de la Ivy League, ésta no ofrecía becas con base en la habilidad de los candidatos para jugar al baloncesto, pero era menos costosa que Penn. Es probable que también haya sido influenciado por Dick Schaap, el fallecido comentarista deportivo y escritor que se desempeñaba como director del *Sun* publicado por Cornell. Schaap, cuya madre y la de Siegel compartían una tienda de regalos en Long Island, hizo los arreglos necesarios para que Alan visitara Cornell.

Siegel se matriculó en la Facultad de Relaciones Laborales en la Industria, una facultad estatal que formaba parte de Cornell. En la medida en que se trataba de una institución estatal, ofrecía costos reducidos a los residentes de Nueva York. La facultad fue creada en 1945 mediante una ley dictada por la legislatura del Estado de Nueva York "con el propósito de mejorar las condiciones laborales e industriales en dicho estado" a través de la educación, investigación, y divulgación de la información. Instalada en Cornell, la facultad se describe a sí misma como "la encarnación del rigor intelectual propio de la Ivy League junto con el espíritu democrático de las universidades estatales". Al día de la fecha, se mantiene como la única institución de estudios superiores a nivel nacional que ofrece un programa de grado de cuatro años de duración focalizado en el lugar de trabajo.[10]

La Facultad de Relaciones Laborales en la Industria era el lugar ideal para Siegel. Podía costearlo –apenas–; podía sostener un trabajo de tiempo parcial en la cocina de una fraternidad, podía jugar baloncesto, y tenía la posibilidad de compensar su mediocre desempeño en la escuela secundaria. Aunque se especializó en relaciones laborales en la industria, se le permitió inscribirse también en cursos de grado consagrados a las artes liberales dentro de la misma universidad. Totalmente inspirado y motivado por los estudiantes y profesores de Cornell –en realidad, por la estimulación que le proporcionaba todo el ambiente que se vivía en el campus– Siegel se sumergió en los aspectos académicos y renunció al equipo de baloncesto al finalizar el primer año.[11]

Pensamiento crítico

En lugar de inscribirse en cinco cursos por semestre, como era habitual, Siegel solía hacerlo en seis o siete. Además de las materias requeridas para graduarse en relaciones laborales en la industria, estudió arte, literatura, filosofía, e historia. Además, recibía clases informales de sus amigos por las noches. "Cuando ingresé a Cornell, sentía que lo académico me superaba porque nunca me esforcé demasiado en la secundaria" –dice. "No sabía escribir correctamente".[12] Afortunadamente, Robert Dudnick, su amigo de la fraternidad Zeta Beta Tau*, la fraternidad universitaria judía de mayor antigüedad, se percató de que Alan se encontraba en dificultades y necesitaba ayuda.[13]

Dudnick había concurrido a la Shaker Heights High School, que por entonces era considerada la mejor de Ohio, y sus conocimientos de lengua inglesa eran más que sólidos. Obtuvo su título en Cornell como Phi Beta Kappa,

---

* Zeta Beta Tau fue fundada en 1898 en carácter de asociación de las juventudes sionistas. Ente sus miembros más destacados se cuentan el desaparecido empresario Armand Hammer, el humorista Robert Klein, el abogado Robert Shapiro, el periodista Mike Wallace, el ex Secretario de Comercio Mickey Kantor y el músico Peter Yarrow, integrante del conjunto Peter, Paul, and Mary, y también graduado de Cornell. ZBT History, http://www.zbt.org (consultada el 28 de septiembre de 2005).

y obtuvo notas sobresalientes en la Facultad de Derecho de Yale. Habiéndole tomado afecto a Siegel, a quien describe sucintamente como "un ser carismático", Dudnick le enseñó a esbozar un ensayo, a ordenar las oraciones, y a construir argumentos lógicos y persuasivos (cosa que el mismo Dudnick continúa haciendo en el exitoso ejercicio de su carrera como abogado litigante).[14] Los comentarios de Dudnick mejoraron rápidamente la escritura de Siegel, que se perfeccionó aún más en la Facultad de Derecho.

Cornell ofrecía un campo fértil para la educación de Alan Siegel, quien se concentró en mejorar su pensamiento crítico, su razonamiento, y sus habilidades para el aprendizaje. El eterno atleta se convirtió en un estudiante apasionado, que se esforzaba por convertirse en "un ser pensante, una persona educada y culta, determinada en participar activamente en la sociedad". Mientras más ascendía en el proceso de refinar su capacidad comunicativa y retórica, adquirió una inmensa confianza en sí mismo.

Sus estudios lo encaminaron hacia el Derecho Laboral, en una época en la que el sindicalismo poseía más poder que ahora. Las tensiones entre la patronal y los trabajadores eran muchas y serias. Frances Perkins, el Secretario de Comercio del Presidente Franklin Roosevelt enseñaba en Cornell, llegando a ejercer alguna influencia sobre Siegel, quien también estaba entusiasmado con otra profesora, Alice Cook, una figura importante del movimiento obrero, la asistencia social y la educación para adultos. En su calidad de principal facultad de relaciones industriales, Cornell atraía a los grandes líderes obreros así como a funcionarios gubernamentales del más alto rango para que dieran conferencias. Entre ellos se encontraba el ex presidente Harry Truman, quien ofreció un seminario de tres días en 1960. Siegel fue seleccionado para asistir a él, lo cual de por sí implicaba una distinción.[15]

A pesar de que el campus de Cornell se encuentra aislado en Ithaca, en el norte del Estado de Nueva York, la universidad atraía a destacados profesores como un imán. El cuerpo docente incluía a Vladimir Nabokov, cuyo curso de literatura rusa hizo las delicias de Alan; a Arthur Mizner, especialista en F. Scott Fitzgerald; a Morris Bishop, doctorado por Cornell y profesor de literatura romance, y a Alan Soloman, un crítico de arte a cargo de un seminario anual sobre arte moderno, uno de los mejores cursos a los que asistió Siegel. En términos generales, Cornell "fue una experiencia fenomenal".[16]

El estilo educativo de la universidad fue fundamental para el éxito académico de Siegel. Los alumnos de Cornell no eran tan mimados como los de Harvard, respecto de la cual se pensaba que el cuerpo docente se desvivía para que todos aprobaran. Parafraseando la letra de la canción "New York, New York", Siegel estaba convencido de que si uno lograba triunfar en Cornell, triunfaría en cualquier parte. Por dicho motivo, eligió sus cursos sin sopesar las dificultades y se dedicó a estudiar de lleno.

Sus compañeros de fraternidad provenían de buenas escuelas, y a menudo habían obtenido las calificaciones más altas en la secundaria. En las familias a las que pertenecían, a menudo se trataba de la primera generación que concurría a la universidad, y ponían todo su celo en su formación. Inclusive en los hogares griegos, que no eran precisamente semilleros de intelectos ni de moderación, los miembros de la fraternidad calificaban a los mejores profesores y trataban de elegir cursos de calidad superior, aquellos por los que valía la pena demorar un poco más en recibirse. En 1960, Siegel se graduó tercero en su promoción de la Facultad de Relaciones de Industriales, y ocupó el cargo de vicepresidente de su clase.[17]

Valores familiares

Durante las vacaciones de verano, Siegel encontró empleo gracias a su vecino Joseph Carlino, Presidente de la Asamblea del Estado de Nueva York. Una de sus tareas consistía en cargar camiones lecheros desde la medianoche hasta las 8 de la mañana. También acarreaba cemento para una empresa constructora y limpiaba las playas públicas de Nassau County. En su adolescencia, sirvió como caddy en el club campestre de Rockville Center. Ningún trabajo le parecía desdeñable por poco importante que fuera.

A pesar de que sus padres contaban con medios muy modestos, eran raras las ocasiones en las que Siegel no disponía de un vehículo. Su tío Arthur Wheelwright, oficial de policía autodidacta y mundano, se las arregló para conseguirle automóviles baratos de segunda mano desde que Alan cumplió dieciséis años. En un momento dado, el muchacho era dueño de un Mercury 1950 color azul, y en su fantasía lo encontraba parecido al famoso Mercedes destartalado de James Dean en la película *Rebelde sin causa*.[18] Mientras asistió al *college*, manejaba unas chatarras que apenas si conseguían no desarmarse al atravesar las nevadas colinas del norte del Estado de Nueva York. Wheelwright ejerció sobre Alan la influencia típica de los tíos, enseñándole el arte viril de cómo conducir y reparar un automóvil, timonear un bote a motor, cavar en busca de almejas en Jones Beach, y sortear, en un jeep descapotado, las arenosas playas vírgenes de los Hamptons en el extremo oriental de Long Island. "Era culto, valiente, y me trataba como a un adulto", dice de su tío, el ex oficial y sobresaliente motociclista de la fuerza policial en Nassau County.

El padre de Siegel era un judío practicante, miembro del Templo Reformado. Por respeto a él y a sus abuelos paternos, Alan hizo el bar mitzvá. En realidad, debía su crianza a

Ruth, una madre que lo adoraba, pero que no daba ninguna importancia a la religión. Por cierto, ambas hermanas de Ruth contrajeron matrimonio con gentiles. La asimilación —o no— de Alan a la población no judía nunca surgió como un problema. El simplemente quería convertirse en "un gran atleta", y su padre alentaba sus sueños.

Vendedor experimentado, Gene adquirió abonos que se cargaron a la cuenta de gastos de su negocio para los juegos llevados a cabo en los campos de polo, el estadio de los Yankees, y Ebbets Field, y asistía regularmente al viejo Madison Square Garden en la Calle 49 de Manhattan. En compañía de su padre, Siegel fue espectador de innumerables partidos de los Giants, los Knicks, los Dodgers, los Rangers, y los Rovers (el 'equipo finca' de hockey de los Rangers). Inclusive viajaron hasta el Jamaica Arena de Queens para presenciar los combates y la lucha profesional. Ambos eran fanáticos de los deportes, aunque no apoyaban exclusivamente a los equipos locales, sino que aplaudían todo gran espectáculo. El equipo favorito de baloncesto de Alan era los Boston Celtics.[19]

Si bien su padre satisfacía su pasión por los deportes, era su madre quien ejercía mayor influencia sobre Siegel, enseñándole el valor del trabajo esforzado e instándolo a cultivar un firme sentido del yo. Ella vivía precisamente de acuerdo con estos preceptos. Intrépida activista política, Ruth interactuaba con líderes comunitarios como Joseph Carlino, el segundo en importancia dentro del Estado de Nueva York después del Gobernador Nelson Rockefeller. En palabras de Siegel: "Mi madre llevaba las riendas, y mi padre era un hombre más bien callado. La actitud de ella se resumía en ideas como 'No hay límites a lo que puedes hacer. Nadie debe aceptar un no por respuesta. Apunta siempre a lo más alto'". Daba máxima prioridad a la educación, y aconsejó a su hijo a "ir al mejor lugar posible, trabajar duro, y leer". Cuando falleció a causa de un cáncer de mama en

1960, Siegel cursaba sus estudios de derecho. Recuerda que "todo parecía derrumbarse". Ruth se ocupaba de la casa y la mantenía funcionando; su muerte dejó un doloroso vacío en Alan.[20]

Como si respondiera al mandato de Ruth ("lee, lee"), en la década del 50 Siegel leyó todo cuanto cayó en sus manos. Admiraba la obra de Thomas Mann, Thomas Wolfe, y la de escritores de vanguardia como André Gide, disfrutando asimismo de Norman Mailer, James Jones, F. Scott Fitzgerald, los grandes novelistas rusos, y el introvertido J. D. Salinger. Decía que lo irónico del caso residía en que "uno lee todos estos libros cuando es demasiado joven [para apreciarlos en su justo valor]". Además de los textos de lectura obligatoria de Cornell, Siegel examinaba concienzudamente *The New York Times*, *Time*, *Life*, y el *Sun* publicado por la universidad. Declara que, si pudiera volver a vivir, "probablemente habría sido periodista", lo que refleja su admiración por Schaap, un periodista que se anticipó a sus colegas con la sensibilidad de sus artículos sobre atletas femeninas blancas y de color.[21]

En Cornell, la cultura popular giraba alrededor de las fiestas ofrecidas por las fraternidades, la ingesta de cerveza, y las películas que podían verse en los cines de Ithaca. Durante los fines de semana, grandes intérpretes como el legendario guitarrista de Mississippi Bo Didley tocaban en la ciudad, que también era visitada por bandas en gira formadas por bandas menos conocidas y por intérpretes de música clásica. Es interesante que Siegel recuerda sólo un puñado de afroamericanos durante su estancia en Cornell. Uno de ellos, Erwin (Bo) Roberson, obtuvo la medalla de plata en salto en largo en las Olimpíadas de 1960. Fue sólo en la ciudad de Nueva York, donde Siegel participó en exhibiciones y jugó en equipos de béisbol integrados por estrellas del deporte, que conoció a muchos afroamericanos. Parece que, en los años 50, concurrir a una universidad de la Ivy League implicaba ciertas limitaciones culturales.[22]

Capítulo 2: Fotografía y composición

Butzbach, Alemania Occidental: El Teniente Primero Alan Siegel, de 22 años de edad, detuvo su vehículo, un Triumph descapotable TR4, y abrió la puerta para su pasajero, un alemán considerablemente mayor de nombre Georg. El extraño dúo se encaminaba hacia una excursión fotográfica, la primera de muchas, en busca de paisajes bucólicos que Siegel habría de registrar con su flamante cámara Honeywell Pentax de 35 mm. No puede decirse que sostener discusiones sobre obuses de ocho pulgadas fuera aburrido, pero cuando no se encontraba en servicio activo, Siegel se impacientaba. El ambicioso joven, nada proclive a perder el tiempo, aprendió fotografía y técnicas de revelado con Georg. Tomó fotos de maniobras militares y las publicó en revistas del Ejército, lo que complació a su comandante, dado que las verídicas tomas de Siegel contribuían a publicitar las actividades del batallón. Esto redundó en beneficio del reclutamiento, del ego del comandante, y muy particularmente de Siegel, quien a principios de la década del 60 descubrió, durante la Guerra Fría en Alemania, que poseía talento creativo. Comenzó a desarrollar una agudeza estética y analítica que le fue de gran utilidad para su carrera excepcional en la construcción de marcas, y a explotar un poderoso sentido de lo visual que guió su trabajo, contribuyendo a reforzar las estrategias comunicativas de compañías e instituciones así como las de sus productos y servicios a nivel mundial.[23]

Una instantánea de Alan Siegel tomada en los 60 mostraría a un recién graduado de Cornell desgarbado y de elevada estatura, con su cabello negro cortado al rape, y luciendo un perfil que envidiaría un galán de Hollywood. Pero, ¿y luego qué? Dado que ni su padre ni los amigos de la familia eran profesionales, las pocas oportunidades de aprender sobre el mundo de los negocios se le presentaban por intermedio de Ralph Schneider, del Diners Club. Durante los dos últimos años que cursó en Cornell, y en parte debido al pobre asesoramiento recibido en la Facultad, no tomó decisiones acerca de su futura carrera. No se entrevistó con los funcionarios de las empresas que recorrían las universidades a fin de reclutar personal idóneo pues, dicha sea la verdad, no se sentía atraído por ninguna industria. Absorto en adquirir una buena educación, no se ocupó de cultivar relaciones con mentores que lo ayudara a ingresar al mundo de los negocios.

Eligió estudiar Derecho casi por descarte. Esta época de su vida fue difícil y conflictiva. Su madre se estaba muriendo de cáncer de mama, y la concentración de fuerzas militares en razón de la Guerra Fría seguramente lo obligaría a regresar al Ejército. Al fin y al cabo, había completado sus cuatro años en el Cuerpo de Entrenamiento de Oficiales de la Reserva (R.O.T.C.) en Cornell, de donde egresó como teniente segundo. Un modo seguro de permanecer cerca de Ruth en los meses finales de un calvario que se había extendido por cuatro años era obtener una prórroga que lo mantuviera fuera del servicio militar.

El seguro se salud de su padre se agotó, lo cual hizo que Gene tuviera que cuidar de su esposa en casa y sin ayuda. Gracias a los contactos del Sr. Carlino, los Siegel se mudaron a Peter Cooper Village, un atractivo complejo edilicio de clase media ubicado sobre la Calle 14, en el East Side de Manhattan. La Facultad de Derecho de la Universidad de Nueva York, que acababa de integrarse a la lista de las diez mejores escuelas de leyes de los Estados Unidos, se encontraba a unas pocas cuadras del apartamento de sus padres. Siegel presentó su solicitud de ingreso, fue aceptado, y pensó ingenuamente que "un título profesional me resolvería la vida".[24]

En NYU, aprendió lecciones duraderas acerca de la escritura y la claridad de pensamiento, y también acerca de sí mismo. Sin embargo, el balance de su experiencia en la escuela de leyes no fue agradable. Día tras día, los alumnos se sentaban en el mismo asiento de la misma aula mientras los profesores se sucedían para dar las clases de su especialidad. Comparado con el idílico campus de Cornell, el contraste era terrible. El lado positivo residía en que lo que más le gustaba de la Facultad era aprender a pensar como un abogado, abriéndose paso a través de hechos complejos para definir problemas y resolverlos. Permaneció allí un año y medio, mientras era testigo de la dolorosa agonía de su madre. Pidió licencia en la escuela de leyes esperando regresar, y se hizo cargo de su puesto en el Ejército en 1962[25].

La metamorfosis

A causa de que los conocimientos matemáticos adquiridos durante sus años de *college*, Siegel fue entrenado en Fort Hill, el bastión de la artillería alojado en Oklahoma, para desarrollar una especialización en ocupación militar que requería saber calcular azimuts (ángulos de fuego) y alcance de proyectiles, volumen de fuego, tipo de mecha y de munición, ajustes críticos, y otros numerosos detalles referidos a la ubicación y descargas de artillería. Podría haber sido embarcado con destino a Corea del Sur o a Alemania pero, por fortuna para él, fue asignado al Segundo Batallón Howitzer, el 18 de artillería, estacionado en Butzbach, una localidad Hessiana de casas medievales construidas con entramado de madera, que había servido de guarnición a tropas extranjeras desde los tiempos de la ocupación romana.

La columna vertebral de las unidades de artillería pesada estadounidenses y de la OTAN como la de Siegel estaba constituida por los Howitzers M115 de 8 pulgadas, dotados de capacidad táctica nuclear. Aún cuando disparaban proyectiles convencionales de 200 libras de peso, los obuses eran tan precisos como letales: manejados por manos expertas, podían volar un recipiente de basura situado a 17 kilómetros de distancia.[26]. La misión principal del batallón consistía en defender el Fulda Gap, punto focal de la mayor concentración histórica de tropas en tiempos de paz. Más de un millón de tropas de la OTAN y del Pacto de Varsovia ocupaban este pasaje, de importancia estratégica, al Rin, a la espera del estallido de la Tercera Guerra Mundial.[27] Fue a través del escalonado Fulda Gap que las tribus germánicas penetraron para derrotar a las legiones romanas que ocupaban la zona. En su calidad de observador artillero de avanzada, Siegel sobrevolaba el área en un Bird Dog Cessna L-19, volando bajo y a poca velocidad bajo el arco de la artillería para detectar blancos y aconsejar a los artilleros cómo direccionar sus disparos.

Además, Siegel estaba a cargo de una misión autoencomendada. Como solía suceder durante la Guerra Fría, muchos 'enrolados' eran, en realidad, reclutas, mientras que todos los oficiales del batallón, a excepción de Siegel y de un muchacho de Princeton, eran soldados de carrera o profesionales, lo cual se traducía en una marcada diferencia respecto de las *Kaserne* (cuarteles). Los soldados de menor rango (campesinos, minorías de la ciudad, reclutas resentidos con poca educación) eran frecuentemente citados por infracciones al Artículo 15 del Código de Justicia Militar de los Estados Unidos, generalmente por mala conducta en los pueblos de la localidad. (El Artículo 15, una herramienta extrajudicial, autoriza a los oficiales superiores a imponer castigos a sus subordinados por delitos menores). Los reclutas le pidieron a Siegel que los defendiera en los procesos derivados del Artículo 15, y se mostró tan equitativo que el coronel a cargo del batallón lo nombró fiscal titular para todas las audiencias de este tipo.[28]

Según quienes fueron sus colegas, y quienes lo son todavía, el sentido de generosidad y justicia de Siegel, puesto en evidencia desde su juventud en los años pasados en el ejército, moldeó su estilo de gestión a lo largo de una prolongada actividad en el mundo de los negocios. Se dice que posee la capacidad de diferenciar los valores individuales de los valores profesionales de sus empleados. Inclusive cuando un empleado rinde menos de lo esperado, o no se encuentra a la altura de su puesto, es posible que Siegel no lo conserve, aunque no deje de querer a la persona, o mostrarse compasivo, o ayudarla. Ello explica la duradera amistad que sostiene con quienes ya no trabajan con él, aún si se han unido a las filas de sus competidores.

Autodescubrimiento

Un autodescubrimiento señero producido durante el tiempo que Siegel pasó en el Ejército fue su fascinación creciente por la fotografía. "La fotografía abrió las compuertas de mi creatividad junto con un aspecto totalmente nuevo de mi personalidad. [Hasta entonces] nunca supe que era una persona creativa. Nunca pensé en mí como en un comunicador visual, ni como alguien relacionado con la comunicación en términos generales". Al día de hoy, su amor por la fotografía continúa expresándose mediante el acto de coleccionar láminas y de realizar libros sobre este arte. En 2004 y 2005, la revista *Art & Antiques* clasificó la colección Siegel entre las cincuenta más importantes.[29]

Al regresar a los Estados Unidos, Siegel anunció a su padre que desistía de la Facultad de Derecho a favor del periodismo o –no estaba muy seguro– quizá de la publicidad. Tuvo una entrevista con el director del departamento de promoción de la revista *Life*, y con los directores de *Look*, quienes le ofrecieron un atractivo empleo inicial que consistía en redactar los epígrafes de las ilustraciones. Cosa sorprendente, no le llamaban la atención ninguna de las grandes revistas de circulación masiva dedicadas al periodismo gráfico. Retrospectivamente, Siegel a veces desea haber ingresado en ese medio. En cambio, intervino la casualidad. Un miembro de su familia lo presentó a Richard Avedon, el famoso fotógrafo de modas y retratista. Siegel le mostró su trabajo, y Avedon quedó favorablemente impresionado. Lo alentó a concurrir a un taller semanal sobre 'fotografía conceptual' a cargo de Alexei Brodovitch, el director de arte de *Harper's Bazaar*, nativo de Rusia. Durante los veinticinco años en que se desempeñó en el principal periódico estadounidense de modas, Brodovitch transformó el arte del diseño en las revistas utilizando composiciones asimétricas, generosos espacios en blanco, e imágenes dinámicas.[30] Perpetuamente envuelto en la nube de humo que exhalaban sus cigarrillos, el maestro ruso asignaba tareas y criticaba detalladamente el trabajo de sus discípulos, a quienes en ocasiones 'dejaba hechos jirones'. Siegel recuerda que Brodovitch se interesaba menos por las por las láminas bonitas que por las ideas novedosas y los modos originales de expresar ideas complejas.[31]

Avedon también aconsejó a Siegel estudiar con Lysette Model, la fotógrafa vienesa que tan brillantemente retratara la cruda tragedia de las calles de Nueva York, y que en ese momento enseñaba en la New School.[32] Para Siegel, los cursos de fotografía lo regresaban a los desafíos intelectuales y a la excitación vividos en Cornell. Al mismo tiempo, su naturaleza pragmática lo forzaba a buscar disciplinadamente entrevistas de trabajo.

Los ojos de Bette Davis

Entre el ejercicio responsable de la fotografía y su empleo en el área de la 'comunicación', Siegel conoció a Gloria Mendel en una cita a ciegas en 1964. Gloria, delgada, de largo cabello castaño y ojos que recordaban los de Bette Davis, no tardó mucho en cambiar el curso de la vida de Alan. Graduada en la Universidad de Denver, se encontraba en Nueva York trabajando para Robert Evans, un ex actor que ayudaba a su hermano a manejar la empresa de ropa deportiva femenina deportiva Evans-Picone. En años posteriores, se convertiría en productor, y luego accedería a la presidencia de Paramount Pictures, en cuyo haber se cuentan, entre otras, las aclamadas películas *El Padrino* y *Chinatown*.

Gloria invitó a Alan a beber una copa, y conversaron durante cuatro horas sin parar. Ella declara: "Pensé que era el hombre más buen mozo que había visto en mi vida, y lo sigo pensando". Para algunas personas, la figura fornida y el pelo abundante que le crecía una vez abandonado el corte militar, Siegel evocaba a Victor Mature, el exponente del 'macho' que se lució en Hollywood durante los años 40 y 50. Gloria quedó fascinada con la confianza en sí mismo de Alan, con su curiosidad y, especialmente, con su habilidad para escuchar atentamente.[33]

Evans se retiró de la industria de la vestimenta, pero Gloria permaneció en Nueva York, trabajando para Marty Goodman, un agente que representaba a conocidos artistas de la talla de Bill Cullen, Bert Parks, Arlene Francis, y Jonathan Winters. En 1956, Gloria y Alan contrajeron matrimonio, y se mudaron a un pequeño apartamento de un ambiente en la Calle 52, arreglándose para vivir con sus respectivos salarios de 150 dólares semanales. Para facilitar que Siegel instalara su propio negocio, decidieron posponer el ser padres. Tienen una hija –Stacey– graduada en Bellas Artes en Cornell, y que luego trabajó en MTV y Siegel+Gale. Actualmente está casada y reside en California. Los Siegel también tomaron a su cargo a Charlese Sutton, la hija menor de su ama de llaves, para que pudiera asistir a Walden School en la ciudad de Nueva York. Llamada cariñosamente Cookie, la niña era tratada como un miembro de la familia. Cookie obtuvo becas completas para estudiar en Skidmore College y Hunter College de la City University of New York, se casó, y ejerce la terapia corporal basada en la danza.

Desde el comienzo, Gloria se involucró profundamente con el negocio de consultoría de Siegel. Lo alentó a fundar su empresa a los 29 años, cuando carecían de recursos. "Claramente, Alan estaba hecho para dirigir, no para seguir directivas, y yo admiraba su ímpetu", dice. Dada la sólida experiencia de Gloria en el campo del marketing (se había graduado en negocios), Siegel a menudo discutía sus proyectos con ella, para escuchar sus puntos de vista. Gloria cuenta que trabajó al lado de su esposo desde el primer día, siempre que él la necesitaba. Siempre se ocupó de pensar en los nombres –sin remuneración, claro– y recurría a Jeff [Lapatine] cuando era presa de la desesperación para acertar con un nombre. Lapatine, un abogado formado en la práctica que, en aquella época, trabajaba en lo que Siegel+Gale llamaban 'comunicaciones simplificadas de marketing', ayudó a Gloria desarrollando el nombre CashStream para los cajeros automáticos del Banco Mellon. Al cliente le encantó, y compró.[34]

Hoy, como miembro de tiempo parcial del personal de Siegel+Gale, ostentando los títulos de Codirectora de Nombres y de Consultora Senior, Gloria se especializa en crear nombres para empresas, subdivisiones corporativas, productos y servicios. Trabaja en estrecho contacto con Lapatine, Director del grupo Siegel+Gale, y de Arquitectura de Nombres y Marcas.[35]

Quienes se dedican al juego de los nombres detestan reclamar la exclusividad del crédito al desarrollar un nombre nuevo. Gloria no constituye una excepción a esta regla, a pesar de haber inventado NYCE, el nombre de un consorcio bancario que opera 150.000 cajeros automáticos y ha emitido 60 millones de tarjetas de débito.[36] Aduce que a un colega se le ocurrió el nombre completo –The New York Cash Exchange– mientras que ella sólo lo redujo a un acrónimo. Sin embargo, lo que se mantiene a través del tiempo es el acrónimo, uno de los muchos nombres sólidos que Gloria continúa ideando.

Capítulo 3: El aprendiz

Alan y yo éramos los dos únicos integrantes del programa que no teníamos una Maestría en Administración de Empresas. Durante un año, dedicamos períodos de dos meses a empaparnos de varias disciplinas correspondientes al campo de la publicidad: Recursos de salud y belleza, Productos para el hogar, Promoción de ventas, etc. Se trabajaba sobre el lanzamiento de nuevos negocios o se reunía la información para hacerlo. Nos alojábamos en el Information Retrieval Center [Centro de Recuperación de Información]; en realidad, allí se almacenaban revistas, informes, libros, y una nueva tecnología denominada máquinas Xerox. El gerente general a cargo del programa era Hank Norman, un ciudadano estadounidense nativo de Alemania con un acento a lo Erich Von Stroheim que aterrorizaba a todos menos a Alan quien, habiendo pasado recientemente dos años con el Ejército estacionado en Alemania, lo encontraba divertido. Finalmente, Norman resultó ser tan inofensivo como un gatito.
—James Kiewel, ex vicepresidente ejecutivo de Siegel+Gale[37]

Bajo la sensación de que no tenía idea del mundo del comercio, Siegel se inscribió en el programa de BBDO, una respetada agencia de publicidad. Tanto él como su padre coligieron que el entrenamiento práctico ofrecido sería un modo expeditivo de adquirir un panorama general que comprendiera la publicidad, el marketing, los medios, el diseño, y la comunicación visual.

"Mientras estuve en el programa de la BBDO, pasé todo el tiempo con los directores de arte, escritores y productores de televisión", refiere Siegel.[38]

La BBDO, una importante agencia con clientes muy importantes, ofrecía un programa de formación asalariada frente al cual deberían avergonzarse las residencias propuestas por las empresas de nuestros tiempos. "La agencia se movía dentro del sistema, pero tuve la oportunidad de aprender marketing, medios, producción cinematográfica, investigación de mercado, y publicidad, así como de conocer a personas importantes en la actividad y observar la forma en que se manejaban", dice Siegel. Al finalizar el programa, fue seleccionado para trabajar con Bruce Crawford, un brillante gerente comercial conocido por su elevado nivel de organización y productividad. Kiewel, pasante de BBDO y compañero de Siegel, manifiesta que dichas cualidades no eran usuales en el medio publicitario de la época: "No puedo imaginar que ninguna otra persona pudiera consolidar tantas agencias de publicidad. Era un individuo distante, aunque sofisticado. Soñaba con llegar a la Gerencia General de la Metropolitan Opera Company, y lo logró".[39]

Crawford, a cargo de las cuentas más importantes de BBDO, ascendió a la posición de CEO, para luego saltar a la presidencia de Omnicom, la empresa a la que pertenecía BBDO, y que poseía, además, un enorme número de activos en publicidad y medios. Mientras tanto, era miembro del consejo de administración de la New York Metropolitan Opera Association, una prestigiosa organización sin fines de lucro. La amaba tanto que se mantuvo alejado de la publicidad durante tres años para ocupar el cargo de gerente general en la Met. A todo esto, Omnicom se había expandido tanto que se le pidió a Crawford que regresara y se ocupara de su administración en calidad de presidente y CEO. Pasado un tiempo, asumió la presidencia de un complejo artístico mayor, de nivel mundial –el Lincoln Center de Nueva York–

mientras se desempeñaba simultáneamente como CEO en Omnicom: un equilibrio exquisito, y probablemente único, entre dos actividades extremadamente demandantes. Hoy, a la edad de 77 años, Crawford ha aminorado un tanto la marcha. Retiene los títulos de presidente emérito del Lincoln Center y de presidente no ejecutivo de Omnicom.[40]

Para Siegel, Crawford es quizás el hombre de negocios más destacado que ha conocido. Reservado hasta la frigidez, Crawford poseía y practicaba la habilidad de identificar el talento promisorio y las buenas ideas. Kiewel comenta: "A Crawford le tenía sin cuidado quién o qué eras. Si se te ocurría una buena idea, y él la aceptaba como tal, la ponía en práctica."[41] Crawford distribuía tareas entre los miembros más jóvenes del equipo para analizar las tendencias que podrían afectar concretamente a la agencia y a los clientes. Mucho antes del florecimiento de la televisión por cable, se le encomendó a Siegel que estudiara el nuevo medio, que redactara un informe, y que monitoreara el desarrollo de la industria. La información provista por ésta y otras investigaciones internas permitieron que Crawford construyera una base de información que lo constituyó en el candidato indiscutible para liderar BBDO.

Prueba

Durante el primer año que Siegel pasó en BBDO, Crawford se encontraba a cargo de un nuevo producto y programa de diseño llamado Centro de Diseño para la Comunicación, donde se creaban envases, materiales promocionales, y literatura sobre los nuevos productos. La pasión de Siegel por la comunicación visual lo orientó hacia el cuartel general de esta unidad, ubicado en un ático de la Avenida Madison 485, originariamente construído para William Zeckendorf Sr., el magnate de los negocios inmobiliarios. Allí observó muy de cerca el trabajo de los diseñadores gráficos y su creación de nuevos logos, envases, promociones, y exhibiciones privadas. También se sentía fascinado viendo a los grandes directores de arte esbozar conceptos publicitarios.

Siegel fue nombrado ejecutivo de cuentas de la marca de cigarrillos Tareyton, fabricados por la American Tobacco Company, que a la sazón llevaba a cabo una extensa campaña publicitaria en las cadenas televisivas, spots publicitarios, radioemisoras, y revistas. Pasó mucho tiempo en California, supervisando la producción de anuncios televisivos dirigidos por el creativo James J. Jordan Jr., "un individuo tenaz y dominante" que, en el lapso de cinco décadas, escribió muchos eslóganes memorables para diversos productos.[42]

Utilizando algo que denominó 'nombrología', Jordan relacionaba el nombre (marca) de un producto con sus beneficios o atributos. Sus eslóganes son legendarios en el negocio de la publicidad: "Los fumadores de Tareyton prefieren luchar a cambiar de marca"; "Date el gusto con Burger King"; "Damos a luz cosas buenas" (para la General Electric); "Si vas a tomar más de una cerveza, que sea Schaefer"; "Delta está pronta cuando tú lo estás"; "Quaker Oatmeal es lo correcto", y "Zestmente limpio*".[43]

Las lecciones que Siegel aprendió de Jordan fueron perdurables, especialmente en lo concerniente al modo en que comunicaba, resolvía problemas, y apoyaba eficaces campañas publicitarias. Siegel dice que "Jordan tomaba el negocio con pasión, y luchaba para evitar que se desperdiciara lo bueno a favor de un capricho o moda pasajera". Esta observación pasó a formar parte de su propio código de principios: construir siempre sobre un recurso sólido, y

---

* Juego de palabras imposible de traducir. Zest es la marca de un jabón, pero también significa "entusiasmo, garra". En inglés, es posible componer el adverbio 'zestfully', pero 'entusiastamente limpio' no refiere al nombre del producto [N. de la T.]

jamás abandonar algo que funciona bien, ni siquiera para satisfacer a un cliente. Parafraseando a Jordan, Siegel prefería remozar un recurso antes que cambiarlo por otro.

En su ascenso hacia el puesto de director creativo de la agencia y luego a la presidencia de BBDO, Jordan inventó la presentación "Blue Skies" [Cielo Azul] para preparar a sus colegas ante una campaña. Se trataba de una gran pizarra sobre la que se había pintado un cielo azul, rodeada de solapas plegables que, al ser levantadas, mostraban elementos clave de la publicidad, tales como Investigación de Mercado, Historia del Producto, Asignación de Precios, etc. Al finalizar el ejercicio geométrico, todo lo que quedaba en el Cielo Azul era un minúsculo cuadrado que representaba "el espacio creativo que nos queda". En resumen, Jordan creía en la necesidad de cumplir con *todos* los objetivos esenciales del cliente al crear la solución. Quizás fuera posible hacer un intento de solución y tener la suerte de atinar, pero lo más probable es que no resultara bien. Al igual que en todo problema de geometría, se obtiene puntaje por llegar a una comprobación correcta, no necesariamente por la respuesta correcta. Los clientes apreciaban la aducción de la 'comprobación', una lección que Siegel jamás dejó de aplicar en su carrera.

Siegel era –y es– un estudiante rápido e intuitivo, con un cociente intelectual cercano al límite superior de la tabla. El anverso de esta característica innata en él es que, según amigos y detractores por igual, su capacidad de concentración no dura mucho tiempo. Desde el inicio, exigió saber el *por qué* de las soluciones que sus colegas sugerían a los problemas: cuáles eran los factores y el razonamiento que se habían tenido en cuenta para el cálculo. Para él, la comprobación era esencial.[44]

En la década del 60, BBDO era una agencia de publicidad de bajo perfil, a la antigua, que competía con baluartes como

J. Walter Thompson, Benton & Bowles, Ogilvy, Gray, Dancer Fitzgerald and Sample, y Doyle Dane Bernbach. Siegel se hastió de trabajar con la cuenta de los cigarrillos y llegó a la conclusión de que el negocio de la publicidad "no era estimulante". No obstante, recibió una oferta de Wells, Rich & Greene para ocuparse de la cuenta de la tabacalera Benson & Hedges. Sin prestar atención al glamour de trabajar para la presuntuosa agencia de Mary Wells, que ocupaba mucho espacio en las noticias de aquellos días, decidió raudamente que no le significaba un avance.[45]

Sinapsis

Todavía buscando su camino, Siegel rechazó el ofrecimiento, ante la desilusión de su esposa y de su padre, y en cambio aceptó un puesto por menos salario en Ruder & Finn, una empresa de excelente reputación que se ocupaba de relaciones públicas. Permaneció allí un año, durante el cual aprendió rápidamente a tratar con los medios, a escribir material de prensa, y a pilotear cuentas cuya administración había entrado en crisis. Su última tarea consistió en idear una estrategia de prensa para la división Sperry Gyroscope de Sperry Rand, una gran empresa que cotizaba en la Bolsa de Comercio de Nueva York y que se había comprometido contractualmente a construir un sistema de control de tránsito para la ciudad de Nueva York pero le era imposible cumplirlo. Sperry contrató a Ruder & Finn para minimizar el daño que sufriría su reputación si la ciudad de Nueva York cancelaba el proyecto.

Junto a los ingenieros de Sperry asignados a la creación del sistema, Siegel investigó la propuesta de Nueva York. Los profesionales concluyeron que era imposible construir un sistema eficaz tal como lo estipulaba el pliego de condiciones porque el férreo diseño en cuadrícula de la ciudad constituía una severa limitación a rutas alternativas en calles y avenidas. Siegel compiló un exhaustivo paquete reforzado con diagramas que mostraba claramente la complejidad de las obras, poniendo el acento en la otra cara de la moneda para anticiparse a las críticas que podrían recaer sobre Sperry. "En realidad, fue una suerte de programa de Simplificación (ver Capítulo 5), tomando ideas complejas y articulándolas de modo accesible a la comprensión de los medios y los neófitos", relata. Este proyecto redundó en una experiencia estimulante para Siegel, y culminó una breve aunque intensa introducción al negocio de las relaciones públicas.

Richard Weiner, quien fuera el jefe de Siegel y uno de los directivos de Ruder & Finn, comenta que "lo primero que se observa en Alan es que dedicó los comienzos de su carrera a formarse con organizaciones sobresalientes, lo cual lo benefició al momento de inaugurar su propia empresa. Enérgico y entusiasta, Alan era muy bueno para hacer 'sinapsis'; es decir, para conectar sus experiencias. Lo hizo siempre. Es excelente para reorganizar una idea, sin importar si es propia o ajena".[46]

Mientras refinaba su redacción comercial y su comprensión de la prensa en Ruder & Finn, Siegel volvió a sentirse atraído por la comunicación visual, esta vez encarnada en la figura de S. Neil Fujita, a cargo de Fujita Design, el estudio de diseño dentro de Ruder. Fujita, un japonés estadounidense que había sido confinado a un campo de internación en los Estados Unidos durante la Segunda Guerra Mundial, es famoso por sus memorables diseños de sobres para discos (*Take Five*, el muy vendido álbum de jazz de Dave Brubeck), y de cubiertas de libros *(El padrino y A sangre fría)*. Siegel estableció relaciones laborales con los diseñadores de Ruder & Finn, y colaboró con ellos en la creación de folletos, informes anuales, y gráficos utilizados en paquetes en paquetes informativos.

Separaciones

A fines de los 60 y principios de los 70, el diseño gráfico resurgió con una energía creativa no vista desde los tiempos del Bauhaus. La cultura joven convirtió en producto la colorida gráfica psicodélica, y los diseñadores respetables comenzaron a importar de Europa estilos novedosos de letra, como Helvética, además de introducir grandes espacios en blanco tanto en las páginas de anuncios comerciales como en las editoriales. Empresas como Lippincot & Margulies, Chermayeff & Geismar, Raymond Loewy, y Walter Landor, e individuos (Saul Bass, por ejemplo) imprimieron el sello de su diseño en todos los objetos que incluían gráfica, desde los envases y la literatura corporativa hasta la señalización y los camiones de transporte. Las compañías ansiosas por romper con la mediocridad estilística eran fuente de grandes negocios.

Joshua Gordon Lippincott era un ingeniero civil devenido diseñador industrial. Entre miles de otros productos y logos[47], ayudó a diseñar las etiquetas de la sopa Campbell, el logo de FTD (Florists' Transworld Delivery), y el drásticamente diferente automóvil Tucker Torpedo. En compañía de Walter P. Margulies, arquitecto y sagaz vendedor, fundó la firma Lippincott & Margulies en 1943[48], a la que deben atribuirse tres importantes aportes a la identidad corporativa: Lippincott en persona creó la frase "identidad corporativa"; la consultora lideró el enfoque planificado y coordinado a fin de expresar dicha identidad (aunque algunos profesionales del ramo insisten en que se trató de una simple evolución natural de la metodología no atribuible a un individuo en particular), y profesionalizaron la actividad, apoyándose en un proceso de consultoría de gestión a cargo de equipos interdisciplinarios formados por expertos antes que en uno o dos creativos 'estrella'. Lo cierto es que Margulies, prácticamente sin ayuda, instruyó a los directivos de las empresas acerca de las ventajas competitivas de una identidad claramente definida.

Joseph M. Murtha y Russell A. Sandgren, a quienes no podría tildarse de 'renegados', aunque eran ambiciosos y muy experimentados en temas de identidad corporativa, fueron los primeros en separarse de Lippincott & Margulies para instalar su propia empresa. Bajo el nombre de Sandgren & Murtha, la nueva firma se especializaba en identidad corporativa, envases, y marketing. Un 'gracioso' escribió al *New York Times* que Sandgren & Murtha "suena a los nombres que se ven en los camiones que reparten cemento y piedra".[49] Sin embargo, Sandgren & Murtha estaban en condiciones de entregar bienes relativos a la identidad corporativa, y el vicepresidente ejecutivo de la firma, quien había sido el mentor de Siegel en el programa de entrenamiento de BBDO, puso especial empeño en reclutarlo. Siegel se unió a la empresa en 1968.

Sandgren & Murtha lo introdujeron en todos los estratos del mundo de la identidad corporativa, incluyendo la búsqueda de clientes, la estrategia, y el diseño de alta calidad. La firma creaba logos y programas de identidad para compañías como US Steel, Cargill, Metropolitan Life, y TransAmerica.[50] Desde las elegantes oficinas modernistas que ocupaba en la Tercera Avenida de Nueva York, Sandgren & Murtha, al decir de Siegel, "llevaba a cabo fantásticos programas de identidad para grandes clientes corporativos". Él mismo manejó una serie de proyectos altamente exitosos, alentado por la promesa de ser asociado a la firma transcurrido un año. La promesa nunca llegó a materializarse, aparentemente porque la juventud de Siegel –contaba 28 años– constituía un impedimento.[51] (No pareció importar que Young & Rubicam, la gran agencia de publicidad, ya había sentado el precedente de nombrar director creativo a Steve Frankfurt a la temprana edad de 32 años).

Nuevo emprendimiento

Desilusionado aunque no acobardado, Siegel comenzó a reunir capital para fundar su propia empresa de identidad corporativa. Un primer acuerdo con un inversor de fortuna, pero sin experiencia en el tema, terminó en fracaso. Basándose en su experiencia laboral y en un modesto plan de negocios, se dirigió al Venture Capital Group del First National City Bank (hoy Citibank), y obtuvo una línea de crédito de cien mil dólares, suma de la cual utilizó sólo una parte. Junto con Robert Gale, un diseñador de temperamento tranquilo a quien había conocido en Sandgren & Murtha, en 1969 se fundó Siegel+Gale, en un edificio no exclusivamente destinado a oficinas situado en la Calle 52 entre la Tercera Avenida y Lexington. Pasado un año, se mudaron al otro lado de la calle, a un ático recientemente reformado por un talentoso arquitecto que, desafortunadamente, quebró.[52]

Siegel+Gale reunieron un grupo de profesionales con poca experiencia, pero con quienes uno u otro de los socios había trabajado anteriormente. En los comienzos, la consultora atendía a clientes cuyo principal interés residía en la identidad visual de sus empresas. En 1970, uno de los primeros éxitos personales de Siegel consistió en la creación del logo de la National Basketball Association [Asociación Nacional de Baloncesto]. El encargo de modernizar la marca registrada de la NBA le llegó a través de la Licensing Corporation of America, interesada en aumentar el atractivo –y el valor– de su contrato de licencia con la NBA. Walter Kennedy, Comisionado de la NBA, deseaba una conexión gráfica entre el logo y la marca registrada de la Major League Baseball [Ligas mayores de baloncesto], consistente en el perfil de un bateador sobre un campo rojo, blanco, y azul. Casualmente, se trataba del diseño que Siegel había defendido durante su paso por Sandgren & Murtha*+. Lo había sometido al juicio de Mike Burke, encargado de promocionar el centésimo aniversario del baloncesto.⁵³ La razón por la cual Kennedy impulsaba un estilo asociado con el pasatiempo nacional de los Estados Unidos es inquietante por lo familiar: por aquellos días, la imagen del baloncesto profesional estaba empañada por problemas derivados de la droga y de los sindicatos.

Siegel llevó a cabo una búsqueda entre los archivos de las ilustraciones publicadas por la revista *Sport*, publicada por Dick Schaap, su amigo de la infancia, y eligió varias que podrían ajustarse al presente propósito. Finalmente, la NBA optó por una fotografía de Jerry West haciendo picar la pelota en la cancha, y así se obtuvo el ícono de una silueta blanca contra un fondo rojo y azul. Siegel en persona emprolijó el trazado de la imagen, afinando un tanto la figura de modo de aprovecharla mejor para aplicaciones diversas. Comenta que "esta imagen sencilla y poderosa parecía salirse de la página y armonizaba perfectamente con la del bateador en la marca registrada de las Ligas Mayores de Baloncesto. El Comisionado [de baloncesto] la eligió de inmediato, sin discutir, investigar, ni vacilar". Por este trabajo, Siegel percibió 3.500 dólares en concepto de honorarios. Hoy, se ve el logo en todos los objetos bajo licencia de venta otorgada por la NBA, lo que genera una renta anual de tres billones de dólares.⁵⁴

En el año 2000, Siegel le fue presentado a Jerry West en un restaurante de Los Angeles, y la conversación giró sobre el logo. La ex estrella del deporte se mostró algo displicente y para nada impresionado, emocionado, ni agradecido de que su imagen hubiera servido de base para uno de los

---

* Entrevista a Ervin, el 21 de octubre de 2005. En Sandgren & Murtha, Siegel contribuyó al desarrollo de la marca registrada de la Major League Baseball [Ligas Mayores de Baloncesto] al cumplirse su centenario. Según Ervin, Juan Conception, un joven diseñador, dibujó la imagen distintiva de la MLB.

logos más reconocibles del mundo. West aún hoy declara no estar convencido de haber servido de modelo para el logo, y la NBA, por motivos que se desconocen, se abstiene de confirmarlo o negarlo.[55] Poco tiempo después de que David Stern fuera elegido Comisionado de la NBA, Siegel lo encontró por casualidad en una playa caribeña, y hablaron de actualizar el logo. Al fin y al cabo, ahora los jugadores vestían shorts holgados que les llegaban a las rodillas, y la mayoría era afro-americana. Finalmente, Stern decidió que el logo que venían usando tenía tanta aceptación por parte de los seguidores del deporte que no se justificaba cambiarlo, aunque la posibilidad de hacerlo todavía es materia de debate en la prensa especializada.[56]

Durante los primeros años, el desarrollo de logos e identidad visual constituía el negocio principal de Siegel+Gale, pero Siegel aspiraba a más que a un negocio de "logos y membretes". Deseaba crear identidad corporativa con características inclusivas y exhaustivas. Creía que las barreras que tradicionalmente se alzaban entre la publicidad, la reacción directa, las relaciones públicas, y la promoción debían ser derribadas para dar lugar a programas integrales que reforzaran una identidad que penetrara la totalidad de los medios.

En 1974, Gale, el jefe de diseño, renunció a la firma y vendió su parte a Don Ervin, quien había ocupado el puesto de director creativo en Sandgren & Murtha durante nueve años. Ervin aportó, además, su vasta experiencia como diseñador de gráfica y producto en George Nelson & Co., donde se ocupaba de la identidad corporativa de los Laboratorios Abbott, uno de los programas de identidad más antiguos. En Sandgren & Murtha, Ervin supervisaba a veinte integrantes del personal, y diseñaba o dirigía muchísimos programas importantes, como los que determinaban la identidad de Transamerica, Cargill, y Conoco.[57] Siegel conservó el nombre original de la firma –Siegel+Gale– a causa de la creciente visibilidad que estaba adquiriendo dentro de la comunidad de marketing y, particularmente, fue alabado como pionero de la Simplificación, una disciplina totalmente novedosa.

Capítulo 4: Identidad clásica

Cuando recién me inicié en la identidad corporativa, era un negocio en el que no se trabajaba en equipo: una disciplina muy particular que giraba principalmente alrededor de la gráfica. Se inclinaba pesadamente al diseño de logos y a los sistemas de diseño. Las agencias de publicidad controlaban las relaciones estratégicas con los clientes. Lentamente, la identidad corporativa mutó en el branding, y me gustaría creer que yo desempeñé un rol importante en la transformación. No cesaba de repetir que es imposible construir una identidad sin un mensaje estratégico, sin adoptar una posición, una voz. Las firmas dedicadas a la identidad se hallaban en contacto directo con los CEOs de sus clientes, y los principales ejecutivos de marketing jugaban un papel activo en la revisión de las investigaciones y el compromiso con aquellos programas que ofrecían más contenido, más profundidad, y mejor estrategia. Las agencias de publicidad, que mantenían bajo llave su relación con los clientes cuando yo entré en el negocio, se convirtieron en negociantes de commodities. Preocupadas por producir comerciales para la televisión, continuaron ganando dinero a manos llenas, pero perdieron el rol de guardianes.

—Alan Siegel[58]

En la década del 70, los potenciales clientes corporativos pedían a las empresas que se ocupaban de proporcionar identidad que mostraran sus credenciales, a veces en presencia de las agencias publicitarias a las que confiaban sus campañas. En ocasiones, las agencias solicitaban a los profesionales de la identidad corporativa que hicieran las veces de subcontratistas en temas de identidad visual. Sin duda, existían, por parte de las agencias, intereses creados que las llevaba a querer monitorear las relaciones de sus clientes y mantener las propias, que pueden llegar a deteriorarse.

El comienzo de los encargos negociados contribuyó a aflojar el férreo control ejercido por las agencias. Los clientes tomaron las riendas respecto de las compras en los medios y, hasta cierto punto, comenzaron a supervisar la producción de los anuncios televisivos. Según Siegel, "los mejores, los más brillantes, que solían ponerse del lado de las agencias, empezaron a optar por la óptica del cliente. Con el tiempo, se produjo un cambio en la base de poder, y se asignó la mayor parte de las tareas estratégicas a las empresas de identidad corporativa".[59]

No hay dos iguales

No es infrecuente que la necesidad de un programa de identidad corporativa se deba a un hecho en particular: una adquisición, una fusión, una diversificación rápida, una reestructuración, una desregulación, la globalización, un cambio tecnológico, la percepción de que los productos de la empresa van a adquirir el status de commodities, o el advenimiento de una nueva administración empeñada en dejar su sello perdurable.

Una empresa se presenta a la diversidad de su público mediante miles de operaciones diarias: venta, compra, publicidad, información, contratación y despido de personal, etc. Ya sean intencionales o fortuitas, todas estas interacciones se unen para conformar la identidad corporativa. La habilidad para moldearla, logrando que la estrategia, visión, y estructura de la empresa resulten visibles y comprensibles, constituyen una herramienta de gestión indispensable. En los primeros años de identidad corporativa, se puso mucho énfasis en el nombre y logo de la empresa, así como en la estructura de su sistema de identificación; es decir, en la forma de relación entre las partes y el todo.

Wally Olins, consultor británico de identidad corporativa, analizaba la identidad de las compañías dividiéndolas en tres grandes categorías. La identidad corporativa o monolítica se apoya sobre un nombre único y un solo sistema visual para todo lo que la compañía realiza. Cada subdivisión de la compañía realza a las otras. Lo que llamamos Identidad de Respaldo implica el 'respaldo' o identificación de las subsidiarias con el nombre corporativo y su estilo correspondiente, una estrategia útil para relacional las empresas adquiridas con el adquirente. Una Identidad Multimarca separa las identidades de la empresa madre y sus productos. Los consumidores se relacionan psicológicamente con los productos, mientras que otros elementos constitutivos, como la comunidad financiera, se identifican con la empresa.[60]

Estas categorías amplias no han perdido validez, pero la práctica actual de la identidad corporativa hunde sus raíces en análisis y ejecución más sutiles. La competencia es más agresiva y las apuestas más altas que unas décadas atrás. Por añadidura, los clientes desean asegurarse de que lo que han invertido en identidad servirá de sostén a sus resultados comerciales.

Luego de que se ha formulado un plan de trabajo, los consultores reúnen información acerca de la organización, sus componentes, y la competencia. Entrevistan a los ejecutivos, empleados, vendedores, accionistas, y otras partes interesadas, todos los cuales pueden echar luz sobre el comportamiento de la empresa. Revisan la literatura dedicada a los clientes, la prensa, los estudios de marketing y los informes de análisis financieros, el posicionamiento de la empresa, sus objetivos, valores, y cultura, su desempeño y sus planes. Los consultores también llevan a cabo estudios cuantitativos y cualitativos entre los clientes para medir la 'conciencia' (reconocimiento de la marca/nombre), la llamada 'familiaridad' (hasta qué punto el púbico siente que conoce la compañía), y los puntos fuertes y débiles de la empresa en comparación con los de cuatro o cinco de sus competidores.

Las investigaciones realizadas entre los sectores claves del público contribuyen a validar la impresión que provoca una determinada empresa. Estas investigaciones arrojan puntos de referencia que pueden replicarse periódicamente a fin de medir la eficacia de un programa y proporcionar elementos que permitan corregir el rumbo. La medición de la 'reputación' también indica si el público estará dispuesto a apoyar a la empresa durante períodos polémicos o de crisis. Uno de los primeros descubrimientos de Siegel+Gale fue que los empleados constituyen el público cuya cooperación y conocimiento es más importante sondear a fin de crear una identidad corporativa y una marca fuerte.

Una vez definidos los problemas y los desafíos a enfrentar, los consultores construyen estrategias de identidad con base en los hechos que han descubierto, tomando en cuenta la naturaleza de los propietarios de la empresa, su estructura corporativa, postura de gestión y aspiraciones, y valores de organización compartidos. El paso siguiente consiste en desarrollar y recomendar mensajes clave, estrategias de comunicación, y cronogramas. Algunas soluciones alternativas, sujetas a prueba, podrían incluir la creación de una nueva identidad visual, nombre, o logo, e inclusive diseñar un nuevo sistema de nomenclaturas, campaña publicitaria, o programa de entrenamiento para los empleados.

Resumiendo la idea, el cálculo de la identidad corporativa podría prestarse a ser mal interpretado como un formato estándar, pero no lo es. No existen dos compañías iguales, ni tampoco son iguales las soluciones a sus problemas. Las mejores maneras de resolverlos se centran en la especificidad de la compañía y del mercado, no en variaciones de una misma melodía. Todos los items del menú de soluciones lleva una etiqueta que indica el precio, ya sea que venga incluido en un paquete o en forma separada. La larga marcha hacia una nueva identidad comienza sólo cuando los directivos aceptan los resultados de las investigaciones, adoptan las recomendaciones, y financian la totalidad del programa.

El primer desafío a enfrentar es definir la identidad. "Viviendo" una empresa mediante la inmersión de aprendizaje, los consultores intentan comprender su sistema de valores, que casi siempre es palpable, inclusive si los directivos se han propuesto evitar el cultivar un conjunto de valores compartidos. (La conducta evasiva, llamada por Sócrates 'la vida no analizada', apunta a una anti-identidad intencional).

La identidad se expresa a través de un 'idiolecto' corporativo, una suerte de *ethos* y de lenguaje individual. Alterando ligeramente un aforismo del escritor James Slater, la identidad (y, por cierto, la marca) es "algo valioso, semejante a un metal de alta densidad sepultado en la tierra, que podría guiar nuestros actos".[61] Siegel postula que la identidad es la *verdad esencial* de una organización:

> Siempre dije que mi proceso se dirige a extraer, de la empresa misma, su historia, visión, y cultura, así como las restricciones reales a las que se enfrenta: lo que puede hacer y lo que no. Finalmente tratamos de idear soluciones originales, verdaderas, y factibles.
>
> Uno necesita saber lo que ocurre en el mercado, pero los clientes no le dirán cómo posicionar y definir su compañía. La identidad debe tener bases concretas, y esas bases se componen del carácter de la compañía. La identidad también debe ser visionaria y un tanto ambiciosa. Eso no lo da el mercado. He ahí una diferencia importante entre mi filosofía y la de la competencia, y la razón por la cual he alcanzado

cierto éxito. Las compañías son organismos complejos que no pueden condensarse en un eslogan, como hacen las agencias de publicidad con los productos envasados.[62]

La identidad de una empresa puede inundar e influenciar su línea de negocios, sus canales de distribución, e inclusive los gerentes de feudos locales. En los casos en que cualquiera de los mencionados "no la pesquen", toda la maquinaria puede vacilar. La "pesca" de la identidad depende de la creación de declaraciones de posicionamiento claramente definidas como plataforma de soluciones que ofrezcan beneficios tangibles al cliente. El posicionamiento debe ser comunicado atravesando una red social sembrada de campos minados por la incomprensión, venciendo todos los obstáculos perceptuales para asegurarse de que sectores clave del público, empezando por los empleados, comprendan la identidad y las promesas de la organización. El propósito final consiste en la construcción metódica de soluciones auténticas y duraderas, asimilables a la identidad, para resolver los problemas de negocios, y de ninguna manera en realizar cambios cosméticos que requieren coraje, pero que se disiparán demasiado pronto.

Socios corporativos

La recientemente inaugurada firma de Siegel no sólo atrajo a parte del personal de Sandgren & Murtha, sino que, casi por inercia, arrastró también a una de sus cuentas: Uniroyal, una compañía global muy reputada por sus neumáticos, productos químicos, y U.S. Keds, la clásica marca de calzado atlético. Cuando Siegel partió, Uniroyal se sintió desplazada en Sandgren & Murtha, por lo cual contrató a Siegel+Gale varios meses después de que los nuevos socios lanzaran su negocio. "Sandgren & Murtha nunca pensaron que Uniroyal fuese una cuenta atractiva o de gran potencial, pero para nosotros resultó maravillosa", declara Siegel.

La primera tarea que le encomendó su flamante cliente fue diseñar tiendas minoristas para Croyden, su subsidiaria sudamericana. En 1973, se le pidió a Siegel que rehiciera la identidad corporativa de Uniroyal a causa de la confusión creada entre la marca registrada corporativa y una marca especializada utilizada por sus propios comercios de alta visibilidad que expendían neumáticos. Antes de esta instancia, ya Lippincott & Margulies habían cambiado el nombre de la compañía, que de U.S. Rubber pasó a llamarse Uniroyal.

"Bob Gale y yo fusionamos su logo corporativo y el que usaban para los neumáticos en uno nuevo que sirviera como marca maestra, aplicable a todos sus neumáticos, productos de consumo, e industriales", relata Siegel. Nuestros honorarios fueron de 10.000 dólares. En la actualidad, el mismo trabajo costaría entre 300 y 500.000 dólares. Sin embargo, el proyecto nos deparó ganancias, porque nos sentamos en una habitación, esbozamos alternativas, y decidimos cómo refinar el logo en 45 minutos".[63]

En la década de los 70, Siegel+Gale crearon programas clásicos de identidad corporativa para Pitney Bowes, Conrail, Tishman Realty Corporation y 3M. Treinta años después, sus marcas permanecen vigentes. Veamos, por ejemplo, el logo de Pitney Bowes. Siegel+Gale obtuvieron esta cuenta compitiendo contra Anspach, Grossman & Portugal, su eterno rival. Pitney Bowes, que se había iniciado como una empresa de franqueo postal hacía más de ochenta años, alcanzó el liderazgo mundial en la provisión de sistemas administrativos y servicios para el tratamiento de la correspondencia. La compañía posee 5.500 patentes relacionadas con actividades postales, ingeniería de sistemas, y otras aplicaciones. En 1971, Siegel+Gale desarrollaron para ella una marca que conserva su frescura y actualidad. La marca de Pitney Bowes, una cruz de ángulos compuesta por ángulos rectos nidificados, simboliza la exactitud de la repetición de la máquina de franqueo y la permanente innovación tecnológica de la compañía.⁶⁴

Siegel+Gale firmaron su siguiente contrato con Scovill Inc., un conglomerado industrial ubicado en Waterbury, Connecticut. Esto dio a Siegel la oportunidad de trabajar con H. Malcolm Baldridge, el CEO de Scovill. Habiendo sido confirmado en el puesto de Secretario de Comercio No. 26 de los Estados Unidos en 1981, durante el gobierno de Reagan, Baldridge requirió los servicios de Siegel+Gale para diseñar un programa que ayudara al plantel de la secretaría a simplificar la correspondencia diaria que necesitaba su firma. Al cabo del tiempo, este proyecto contribuyó a la credibilidad del negocio de Simplificación ideado por Siegel+Gale.*⁶⁵

En busca de 3M

La tarea realizada por Siegel+Gale para 3M marcó un punto de inflexión para la consultora. 3M cuenta con más de 60.000 productos que se venden en los mercados mundiales. Muchos de ellos son marcas genuinas, pero otros son SKUs (Stock Keeping Units, o Unidades de Conservación de Stock), una sigla que identifica el manejo de los inventarios. La empresa 3M es una *marca*; las lijas 3M son un *producto* y una *marca*, y existen docenas de diferentes abrasivos para papel de lija (SKUs) que se consideran 'productos' individuales pero no 'marcas' distintivas. Todo lo anterior hizo que 3M

---

*   ⁺ Baldrige, ex peón de campo y lazador profesional, miembro de un equipo que frecuentaba los círculos de rodeo, gozaba de reputación internacional por su acérrima defensar de la eficiencia en la gestión gubernamental. Se le rindió homenaje creando los Malcolm Balrige National Quality Awards [Premios Nacionales a la Calidad] en 1987, año en el que falleció a consecuencia de un accidente mientras tomaba parte en un rodeo, a la edad de 64 años. Malcolm Balrige, http://.en.wikipedia.org/wiki/Malcolm_Balrige (consultada el 31 de julio de 2006).

se constituyera en uno de los proyectos más estimulantes y esforzados emprendidos por Siegel+Gale.[66]

La Minnesota Mining & Manufacturing Company, que se autoidentificaba como la 'empresa de los abrasivos', comenzó a utilizar el logo 3M Co. en 1906. Las letras se inscribían dentro de un rombo rodeado por un círculo que mostraba el nombre completo de la empresa y la casa central en Duluth. La marca 3M fue sometida a cambios cosméticos periódicos hasta 1960, cuando Gerald Stahl & Asociados, una firma neoyorquina, desarrolló un logo con letras de trazo pequeño y corte rebajado que guardaba cierta semejanza al de una empresa industrial alemana de principios del siglo XX. Los diseñadores crearon una fuente completa de tipos de letra similares para los nombres y firmas de la marca 3M.[67]

En 1961, Joseph C. Duke, vicepresidente ejecutivo de 3M, articuló, en *Advertising Age*, la necesidad de renovar el logo:

"Cuando un producto, división, o subsidiaria causa una impresión favorable dondequiera que sea, todo otro producto, división, o subsidiaria de 3M debería beneficiarse. A su vez, los logros y el prestigio de la Compañía 3M deberían beneficiar a cada uno de los productos y actividades de la misma".[68]

3M codificó su sistema de identificación corporativa, complementándolo con un manual que controlaba el uso y prohibía el abuso de su logo y de sus aplicaciones gráficas. La página web de la empresa declara que, "sin embargo, hacia 1965, frente a la proliferación del diseño de marcas y envases, la dirección de la empresa cambió de idea". No era posible cumplir la promesa de la coherencia visual corporativa en tanto el diseño de la marca y los envases de la compañía se multiplicaban al promediar la década. Se acudió a otra firma de diseño, la Brooks Stevens Associates de Milwaukee, que creó un sistema de bloques de colores con vagas reminiscencias de la obra del pintor abstracto holandés Piet Mondrian "a fin de evitar la monotonía del diseño, conservando un parecido inconfundible entre todos los productos 3M". Un bloque de colores identificaba el producto; otro, la división que lo fabricaba; y el tercero componía el logo de 3M. El sistema no ayudó a que los consumidores identificaran los envases como productos de 3M.[69]

Nadie estaba satisfecho con el tipo de letra especial creado para el sistema de colores, especialmente los envasadores europeos, que necesitaban comunicarse en varios idiomas. Al reducírsela en tamaño, la letra era ilegible. Lo que parecían ser pautas flexibles fueron paralizadas por las nuevas regulaciones impuestas en Europa y, además, la compañía ya no fabricaba sólo abrasivos, sino que había desarrollado una amplia gama de productos innovadores ("Post-It", por ejemplo). Ridiculizado como "el gótico de un plomero", el tipo de letra de 3M no sugería en absoluto el tipo de empresa de alta tecnología en el que 3M se había convertido.[70]

En 1973, BBDO, la empresa publicitaria que se ocupaba de 3M, le recomendó que contratara a Siegel+Gale para modernizar y simplificar el manual de identidad corporativa. Luego de revisar una muestra representativa de los materiales que 3M tenía en el mercado, Siegel informó a la empresa que la reestructuración del manual tendría el mismo efecto que aplicar una tirita adhesiva sobre una herida. La identidad de 3M requería de cirugía mayor.

Durante los seis meses siguientes, Siegel y un equipo de diseñadores sostuvieron reuniones con ejecutivos de 3M en la casa central de St. Paul, Minnesota, a fin de conceptualizar un nuevo sistema visual que reflejara la cultura progresista y con miras al futuro que caracterizaba a la compañía. La piedra angular del programa consistía en un logo de 3M, potente aunque asombrosamente sencillo, que unía el '3' y la 'M' en negrita helvética, impreso en rojo mandarín. Steve Dunne, el hermano menor de los escritores Dominic y John

Gregory Dunne, ideó un exhaustivo sistema de diseño que incorporaba una fuente propia, una paleta de colores, y formatos de diseño para todos los medios primarios: señalización, camiones, folletos, publicidad, y envases. Con el tiempo, la Minnesota Mining and Manufacturing Company cambió su nombre oficialmente a 3M.[71]

En opinión de Siegel, es posible que el cliente (3M) haya apoyado el nuevo programa con entusiasmo porque "reaccionó favorablemente ante su sencillez y franqueza", dos rasgos característicos del Medio Oeste que gozaban de la aprobación mundial. No obstante, los altos ejecutivos de BBDO descartaron el nuevo logo precisamente por ser demasiado simple y natural. Dice Siegel: "Argumentamos con éxito para que no se agregaran firuletes gráficos, como inclinar el 3 o la M. Fue mi primera experiencia con personas que evadían las soluciones sencillas y elegantes, pero no sería la última".[72]

La voz primitiva

En retrospectiva, Siegel piensa que utilizó la expresión 'voz corporativa' por primera vez cuando trabajó para 3M: "Se me ocurrió como una metáfora para la comunicación integral. Desde mi punto de vista, fue entonces que la identidad corporativa mutó en la voz corporativa. Usé la frase para referirme a la fusión de la estrategia, el contenido, y el diseño en la creación de un programa de comunicación cuyos rasgos distintivos permitirían que las compañías dirigieran su mensaje al mercado bajo una forma inconfundible.

"Siempre me mantuve a la vanguardia respecto del posicionamiento [de una empresa], insistiendo en la propuesta del 'valor', del mensaje, y del tono de la 'voz', todo lo cual era producto de mi educación, mi formación, y mi experiencia jurídica. Siempre sentí que la gráfica era sólo una parte de la ecuación, pues el propósito último es comunicarse con la gente. Finalmente transmuté la 'voz corporativa' en la 'voz de la marca'".[73]

Aún sin haberse entrenado formalmente en diseño, la vasta experiencia fotográfica y artística de Siegel le bastaban para comprender las limitaciones de los símbolos gráficos en cuestiones de comunicación. Las marcas o signos que carecen de referentes auténticos carecen también de significado. Los logos y los sistemas gráficos deben representar algo, ya sea una idea inexpugnable o un sistema de valores. Siegel+Gale crearon un sistema gráfico completo —tipos de letra, colores, grillas, y sistemas de firmas— para demostrar cómo se vería el nuevo logo de 3M en todas sus manifestaciones públicas. Pasó la prueba con gran éxito, a pesar de que algunos ejecutivos preferían el azul (el color favorito de quizá el ochenta por ciento de todos los logos corporativos) al rojo descarado que Siegel había elegido. 3M ya usaba un logo azul pero, contradiciendo su consejo habitual de preservar lo ya construido, Siegel persuadió a la compañía a que adoptara el rojo para afirmar la declaración de que se estaba produciendo un cambio. Tal vez Siegel concordaba con Emerson en que "la coherencia insensata es el duende maligno de las mentes pequeñas".

Durante su larga asociación con 3M, Siegel+Gale ayudaron a construir una estrategia de comunicación global para manejar la imagen de 3M a nivel mundial, modernizaron su identidad corporativa global, aportaron claridad y coherencia a todas las comunicaciones empresarias, y crearon una voz global que se expresa con acento local.[74]

La identidad de 3M se encuentra apuntalada por lo que Siegel+Gale hoy llama la 'promesa de la marca'. Charles Reisler, un ex ejecutivo veterano de Siegel+Gale, declara que "la marca de una compañía es verdaderamente algo elusivo, algo que abarca la identidad [de la compañía], su experiencia, sus productos, su gente. 3M significaba innovación, espaldas anchas, grandes tareas". Con audaz previsión,

3M "permitió que sus empleados dedicaran el 10 por ciento de su tiempo a la experimentación; así, se introdujeron nuevos productos durante el tiempo libre de su personal", rememora Reisler.[75]

Los consultores arribaron a la conclusión de que la esencia de 3M residía en la *innovación*, el pegamento que adhería sus miles de componentes así como la estructura muscular de la compañía. Utilizando grandes fotocalcos adhesivos elaborados por 3M, Siegel+Gale empapelaron los camiones de 18 ruedas que empleaba la compañía con una calcomanía que rezaba "3M Innovación", superimpuesta sobre gigantescos fotomontajes de los productos, ilustrando así de modo espectacular la innovación de 3M en acción.

El ascenso de Siegel+Gale de una "firma de logos y diseño" a expertos en la construcción de marcas estuvo jalonado por grandes innovaciones dentro de su propia estructura, particularmente la creación de la Voz Corporativa y la Simplificación del Lenguaje. Tal como sucede en cualquier firma recién fundada, el avance no fue una suave curva ascendente. De vez en cuando, los clientes los abandonaban, igual que el personal. La firma buscaba inyecciones de capital, la sangre que alimenta el crecimiento de los negocios. En un momento dado, la subsidiaria de un importante banco de los Estados Unidos, para la cual Siegel+Gale habían hecho una gran cantidad de trabajos de comunicación interna, se resistió a pagar los 90.000 dólares que debía. El cliente telefoneó reclamando sus 'entregas' –las soluciones estratégicas y gráficas que Siegel+Gale diseñaron para el caso. Siegel replicó: "Ustedes no me pagaron. Voy a poner a salvo el material en una caja fuerte y viajo a Europa. Transfiéranme el dinero o dénme un cheque certificado". Al día siguiente, el dinero se encontraba en sus manos.[76]

Inclusive en su etapa de empresario novel, Siegel era consciente de que una actitud abierta, flexible, y atenta le permitiría aventajar a la competencia así como llevar adelante su propio negocio con eficiencia. Observó que "muchos de nuestros competidores hacían trabajos magníficos, pero quebraron por no prestar atención a la negociación de contratos justos, a facturar a tiempo, a cobrar cuentas pendientes, y a proporcionar una estructura de capital que financie el crecimiento cuando las ventas se encuentran en baja.

"También es imperativo crear un ambiente laboral estimulante, dar a los empleados la oportunidad de asumir mayores responsabilidades, y ofrecerles la libertad de aportar sugerencias constructivas acerca de cómo mejorar la empresa. Asimismo, es necesario asegurarse de que quienes trabajan para nosotros reciban una recompensa económica justa cuando cumplen con la parte que les corresponde".[77]

Capítulo 5: El derecho a la comprensión

En 1975, convencí al First National City Bank (Citibank) de que simplificara sus contratos de préstamos a clientes. ¿Cómo es posible que el banco más importante del país pida a sus clientes que firmen un acuerdo legal totalmente ininteligible, a tal punto que ni siquiera resulta legible para los abogados del banco, y se sometan a sus cláusulas? Al idear este proyecto, tenía claro que se trataba de un negocio. Pasé cinco años de mi vida promocionando la idea del uso de un lenguaje llano en documentos comerciales y gubernamentales, vendiendo este servicio especializado por todo el país, y contratando y entrenando personal que se hiciera cargo de los proyectos que iban entrando. Al mismo tiempo, ayudé a fundar un programa de posgrado en la Carnegie Mellon University, a fin de dotarla de un laboratorio que promoviera la modernización de la Simplificación mientras entrenaba gente de talento para luego integrarla a nuestro servicio altamente especializado. También me uní al cuerpo docente de la Facultad de Derecho de la Universidad de Fordham para enseñar el primer curso de escritura llana dedicado a los abogados.
—*Alan Siegel*[78]

Desde su juventud, Siegel notó lo mal redactadas que estaban las instrucciones a los consumidores en los documentos funcionales. En una ocasión, su padre penso en utilizar técnicas asiáticas de transferencia de tinta a modo de negocio complementario del fotograbado. Al leer la traducción de las instrucciones que venían con el equipo, Siegel vio esta oración asombrosa: "Diríjase a la Honorable Perilla Roja" (Traducción: "Gire la perilla roja"). Quizá se trate de un relato apócrifo de una percepción juvenil, o del comienzo de su larga búsqueda para transformar la comunicación en algo más preciso y eficaz.[79]

Poco después de haber ingresado en Siegel+Gale, Don Ervin le presentó a Siegel al Dr. Rudolph Flesch, psicólogo y educador austríaco, autor de *Why Johnny Can't Read*, un best seller publicado en 1955 y que encendió la revolución fonemática. Flesch, considerado un pionero de la comunicación clara, abogaba por la "legibilidad" de un texto mediante su invento patentado, el Índice de Flesch. George Nelson, el brillante diseñador para quien Ervin había trabajado antes, solía solicitar los servicios del Dr. Flesch para 'simplificar', de manera esquemática y con base en un código de colores, los nuevos cuadernillos lanzados por el Seguro Social, aunque nunca fue su intención dedicarse a la simplificación como un negocio diferenciado.[80]

Luego de su entrevista con el Dr. Flesch y de haber leído sus libros, Siegel avizoró la oportunidad de aumentar los servicios ofrecidos por su firma, mejorando el simple rediseñamiento de los materiales para llevarlos a un nivel más accesible, funcional, y servible. Por ejemplo, ¿por qué habría la gente de aceptar a ciegas pólizas de seguro que no comprendían? Entonces, cuando el First National City Bank (rebautizado Citibank) contrató a Siegel+Gale para actualizar los formularios usados en transacciones minoristas (fichas donde quedaba registrada la firma del cliente, solicitudes, contratos de préstamo, y materiales relativos a la correspondencia con los clientes), Siegel convenció a los ejecutivos de que le permitieran simplificar el lenguaje. Le contestaron que lo intentara, aunque estaban convencidos de que los abogados objetarían que se interfiriera con el tipo de lenguaje utilizado en la redacción de los contratos.[81]

En 1974, Siegel contrató al Dr. Flesch para que colaborara con él en la simplificación del formulario crediticio del Citibank. Ervin diseñó el nuevo formato, que fue el primer acuerdo legal de crédito redactado con base en la simplificación del lenguaje, y que habría de convertirse en un hito para la protección del consumidor, además de constituir una de las primeras articulaciones que permitirían cumplir la 'promesa' de la marca Citibank de ser el principal banco del país. Pasado un tiempo, Siegel declaró:

> El impulso de utilizar un lenguaje claro y sencillo se relacionaba con lo que ahora se denomina la 'gestión de las relaciones con clientes'; es decir, fomentar la adhesión de los clientes a la marca mediante el alineamiento de la conducta corporativa con la promesa hecha por la marca. Así, cuando el banco hizo público su compromiso de escuchar y servir a su clientela, ¿cómo iba a honrarlo si nadie podía leer ni comprender los acuerdos legales que se les hacían firmar?[82]

A medida que la guerra de Vietnam se acercaba a su fin, y las noticias se centraban en el escándalo de Watergate, Siegel percibió que se extendía la desconfianza a "aceptar el lenguaje oficial sin cuestionarlo". Manifestó que "existe una necesidad real de utilizar un lenguaje claro y modesto para un gran número de documentos de uso diario. En términos sociales, la gente aspiraba a un nuevo derecho: el derecho de comprender. Se expresaba un fuerte deseo de contar con reglamentaciones y formularios claros expedidos por las instituciones públicas y privadas de las que habían aprendido a desconfiar"[83].

Mientras que a Citibank lo que más le interesaba era mejorar su formulario crediticio, a Siegel lo escandalizaban el lenguaje abstruso, los términos técnicos y las listas interminables de acciones que el banco podía emprender en caso de conflicto. "Esencialmente, Siegel y Flesch reorganizaron y volvieron a redactar el documento para adecuarlo al modo en que el consumidor piensa y actúa. Si bien la experiencia de Siegel en investigación de mercado y publicidad le resultaron útiles, fue su formación jurídica lo que lo ayudó a sortear ciertas cuestiones legales que siempre se habían definido como obstáculo para la simplificación del lenguaje en los formularios legales", escribió Kenneth Morris, quien por entonces presidía Siegel+Gale.[84]

Morris, doctorado en Historia de la Lengua Inglesa y Lingüística por la Universidad de Columbia, ingresó a Siegel+Gale en 1978, y estuvo a cargo de la Comunicación Simplificada hasta que se retiró de la firma en 1998. Asevera que "el logro de Alan fue transformar el concepto del lenguaje claro en un negocio viable. En el curso del proceso, promovió con entusiasmo la faceta comercial del concepto, dando a conocer su nombre, el de la firma, y la idea del lenguaje simple".[85]

La transformación de los formularios

Entre los documentos de Citibank, uno de los formularios de uso más frecuente era el contrato de préstamos, también uno de los más difíciles de leer, y mucho menos comprender, para los solicitantes. Este extensísimo documento parecía no responder a estructuración alguna. Todo el cuerpo principal del texto estaba impreso en mayúsculas, los tamaños de las letras respondían a cinco tipos diferentes, y el largo de las líneas excedía los veinte centímetros, sin espacios entre párrafos. Por si no fuera bastante, los márgenes derecho e izquierdo estaban justificados, y la impresión era a un solo color. En suma, el formulario consistía en un muro insolente de caracteres que ejemplificaban una jerga legal indigerible. Por ejemplo, la 'letra chica' contenía la siguiente exención de responsabilidad:

[...]

En caso de mora en el pago de ésta o cualquier otra Obligación o la falta de ejecución u observación de cualquiera de los términos o condiciones especificadas en el presente documento o en cualquier otro escrito o convenio que evidencie o se relacione a cualquier Obligación o cualquier Aval a ser ejecutado u observado por el Prestatario; en caso de deceso del Prestatario abajo firmante; o en caso de que cualquiera de los abajo firmantes se vuelva insolvente o efectúe un traspaso a favor de acreedores; o se presente contra o por parte de cualquiera de los abajo firmantes una demanda bajo cualquiera de las estipulaciones de la Ley de Quiebras; o cualquier suma en efectivo, títulos, o propiedades al presente o en lo sucesivo depositados o en posesión o custodia del Banco sean sujetos de embargo o secuestro o de cualquier orden o proceso judicial; o que el Banco considere amenazada su seguridad, ante cualquiera de las circunstancias mencionadas el Banco ejercerá su derecho (según su criterio), sin reclamo previo ni aviso de ningún tipo, a declarar todas las Obligaciones vencidas y a exigir su cancelación inmediata, con lo cual dichas Obligaciones serán inmediatamente consideradas vencidas y deberán ser canceladas, y el Banco ejercerá todos los derechos y recursos a disposición de la parte acreedora en caso de mora bajo el Uniform Commercial Code [Código Comercial Uniforme] (el "Código") vigente en Nueva York al momento, así como todo otro derecho y recurso que pudiere encontrarse contemplado en las leyes.

El fragmento anterior, tomado de un párrafo más largo, contenía originariamente 244 palabras. En el nuevo formulario crediticio del Citibank, Siegel+Gale lo reemplazaron de la siguiente manera:

[...]

Mora Me encontraré en situación de mora si:
1. No abono una cuota en término; o
2. Por efecto de un procedimiento jurídico, cualquier otro acreedor intenta apoderarse de cualquiera de mis activos que se encuentran en posesión del Banco.

La grata brevedad de la modificación no habría sido posible sin el asesoramiento de Carl Felsenfeld, uno de los vicepresidentes de Citicorp y principal asesor legal de las operaciones corporativas relacionadas con el trato con los clientes. Felsenfeld dijo que "quizá nuestra tarea más complicada no se tratara de la escritura en sí, sino más bien en la identificación de cláusulas tomadas de contratos tradicionales (comerciales) que podían ser eliminadas sin afectar la validez y la ejecutabilidad de los documentos destinados a nuestra clientela. Al respecto, tuvimos la oportunidad de sacar provecho de nuestra experiencia en el campo de los negocios y de analizar las condiciones contractuales que realmente se habían puesto en práctica, en contraste con las que brindaban coberturas recomendadas por abogados que, en su mayoría, provenían de otro tipo de contextos".[86]

A la edad de 79 años, Felsenfeld lleva 22 años ejerciendo su segunda carrera como profesor de leyes en la Facultad de Derecho de la Universidad de Fordham en la ciudad de Nueva York, donde enseña Derecho Bancario. Evocando su colaboración con Siegel, a quien describe como "hábil, capaz, y muy perceptivo ante nuevas oportunidades", Felsenfeld cree que la reestructuración del contrato crediticio proporcionó a Citibank la protección legal necesaria, a la vez que resistió la prueba del tiempo. El documento se internaba en un área innovadora, aunque Felsenfeld reconoce que no puede menos que esperarse alguna reincidencia, dadas las sucesivas generaciones de abogados encargados de las demandas judiciales que involucran a clientes. "En última instancia, los documentos terminan en las manos de los abogados", dice. "Lo que hace falta es algo de libertad de acción que permita que los redactores de contratos puedan generalizar antes que particularizar: necesitamos sentirnos libres". En los años 70, Felsenfeld presentó a Siegel al Decano de la Facultad de Derecho de Fordham. Siegel propuso un curso titulado "Redacción de Contratos en Lenguaje Simple", y dedicó cuatro años a enseñar el primer curso jamás dictado a estudiantes de leyes acerca de la escritura llana. Felsenfeld y Siegel escribieron, en colaboración, *Simplified Consumer Credit Forms* (Woodham, Gorham y LaMont, 1978), y *Writing Contracts in Plain English* (West Publishing, 1981).[87]

Sin muchos elementos para guiarse excepto su propia perspicacia para los negocios, Siegel examinó el contrato crediticio del Citibank con una mirada desprovista de prejuicios. Al respecto, declaró: "Nos concentramos en utilizar nuestra habilidad para la comunicación, la escritura, y el diseño a fin de crear un contrato que pudiera ser leído y comprendido tanto por los empleados del banco como por los clientes, enviando al mismo tiempo una clara señal de que ese distaba mucho de ser el típico documento legal en uso".[88]

Recurriendo a sus experiencias y sentido común colectivos, Siegel+Gale reorganizaron el formulario crediticio de modo tal que la información quedara desplegada en una secuencia apta para la comprensión del cliente. Personalizaron el texto, sustituyendo frases desagradables, tales como "el

Prestatario/los Prestatarios abajo firmante(s)" y "el Banco" por los pronombres "yo", "nosotros", "suyo", y otros. En lugar de expresiones engorrosas como "Por los valores recibidos, los abajo firmantes, conjunta y solidariamente, prometen por la presente abonar...", se limitaron a escribir: "En pago del préstamo que recibí, me comprometo a pagarle...". Acortaron las oraciones mediante el uso de contracciones y de la voz activa en lugar de la pasiva, lo cual contribuyó también a la claridad. Subdividieron el documento en párrafos destacados por medio de títulos en negrita, lo cual mejoró sustancialmente su legibilidad. Siegel escribió que se incluyó material nuevo, no exigible por ley, "de modo tal que el documento no sólo fuera jurídicamente vinculante, sino que además proporcionara información"; por ejemplo, la cláusula "[...] si el presente préstamo se refinancia –es decir, se reemplaza por un nuevo documento– usted [...]". En la versión original, ni siquiera se explicaba el significado de "refinanciación".[89]

Al reorganizar el aspecto visual del documento, Siegel+Gale dividieron la página en una grilla compuesta por cinco columnas, utilizando dos tamaños de tipo provenientes de una fuente (Times Roman minúsculas y mayúsculas) en dos gramajes. El largo de la línea se redujo a 15 centímetros, y el texto se justificó sólo en el margen izquierdo y se imprimió a dos colores. El resultado fue un formato eficaz, legible, y sumamente sencillo a la vista. La reestructuración demostró que la simplificación de un texto impreso necesariamente conlleva un nuevo diseño. Además, el equipo de Simplificación obtuvo el apoyo de Felsenfeld y Duncan McDonald, los dos abogados más antiguos a cargo del sistema de créditos del banco. Sin su aprobación –pues neutralizaron positivamente las críticas internas– el documento habría sido desarticulado por otros abogados del banco.

A medida que maduraba el proceso de Simplificación, Siegel+Gale idearon una metodología para poner a prueba

Branding y el Arte de la Comunicación

la lectura de documentos escritos en lenguaje llano por parte de los consumidores, y luego haciendo que llevaran a cabo ciertas instrucciones según las indicaciones de los documentos, o que respondieran preguntas. La eficacia de los documentos fue medida por la precisión de las respuestas, el tiempo que llevaba completar una instrucción, y la interpretación de las reacciones textuales de los consumidores. La confianza depositada por Siegel+Gale en la claridad de la información que presentaban fue confirmada por los métodos exploratorios y de testeo aplicados a los usuarios, así como por los ajustes realizados con base en las reacciones obtenidas.[90]

Diseñado para la comunicación

Los diseñadores y simplificadores de lenguaje de Siegel+Gale sabían que necesitaban de la experimentación para que los formularios legales no sólo fueran más comprensibles sino también más atractivos. En aquel momento, Siegel comentó que "el diseñador típico, graduado de una escuela con orientación artística, no tiene la menor inclinación por diseñar formularios. No basta con comprender los elementos del diseño y poseer la capacidad de trabajar en el marco de restricciones muy severas: hasta cierto punto, también hay que ser culto, manejar la escritura, y poder desempeñarse con expertos en leyes, psicología, y lingüística, todas ellas áreas en las que muchos diseñadores no se encuentran cómodos".[91]

Para encarar los proyectos de simplificación la firma empleó un método de base cero. En tanto existían escasos precedentes, ningún dogma lingüístico que sirviera de guía, y un mal provisto banco de talentos para explotar, Siegel formuló una pregunta realista: ¿qué elementos debían incluirse en un documento, y por qué? Su experiencia en marketing y publicidad se centraba en el comportamiento de los consumidores, y su formación en temas de derecho lo había preparado para manejar conceptos y lenguaje jurídicos. Bajo una mirada atenta, las barreras legales, que al principio parecían insalvables, mostraron su maleabilidad.

Siegel encuadró su enfoque como un modo de solución de problemas reales. "Si se envía lenguaje simplificado a un impresor acostumbrado a los formularios corrientes, va a producir un formulario corriente", afirmó. "Será difícil de leer a causa de la distribución del texto y de la tipografía empleada, y su aspecto desalentará a la gente". Reunió a sus diseñadores para que pensaran en términos de estructura, aspecto, y legibilidad, las premisas básicas de un buen diseño, y consiguió de ellos lo que quería.

Ann Breaznell, una ex diseñadora senior de Siegel+Gale, graduada de Skidmore y poseedora de una Maestría en Bellas Artes en la especialización de diseño gráfico y tipografía por Yale, donde enseñaba, comenta que "al diseñador también deben gustarle la tipografía". Cuando ella estaba a cargo de la selección de diseñadores, buscaba que éste fuera uno de sus fuertes. Su personal fue involucrándose cada vez más en la escritura y reescritura de los documentos. Siegel creía que los diseñadores debian poseer muchas otras habilidades además de las gráficas, porque "tienen que [...] responder ante la investigación, desafiar a los abogados en puntos de lenguaje, e impulsar a los clientes hacia nuevos rumbos del diseño".[92] A tal respecto, Siegel+Gale contribuyó a elevar el diseño desde la mera ilustración hasta un nivel elevado de presentación clara y precisa de la información, una idea que tal vez hoy no suene novedosa, pero que hace treinta años era profética.

Predicando el lenguaje llano

Para convertir la Simplificación del Lenguaje en un negocio viable, se necesitaba mayor exposición al público y a clientes audaces. Afortunadamente, Siegel comprendía el poder de la publicidad creíble, y se proponía demostrar que la simplificación de los documentos construye la lealtad de la clientela, mantiene alta la moral de los empleados, y ahorra dinero. Por añadidura, y al mismo nivel de importancia que lo anterior, era lo correcto en una sociedad abierta. Con el asesoramiento de Richard Weiner, quien renunció a Ruder & Finn para fundar su propia empresa de relaciones públicas, Siegel lanzó un bombardeo publicitario a fin de promocionar los méritos de la simplificación del lenguaje.

La cobertura de los medios fue inmensa. Los programas locales de radio y televisión de Nueva York, el *Los Angeles Times*, el Washington *Star*, el *New York Times*, y todas las principales publicaciones dedicadas a los negocios y al comercio cubrieron la noticia del nuevo diseño al que había sido sometido el contrato crediticio de Citibank. El 4 de febrero de 1978, en un artículo la iniciativa de protección al consumidor promovida por Peter M. Sullivan, legislador por el Estado de Nueva York, *The New York Times* se refirió a Siegel como al "consultor más importante del país en temas de simplificación del lenguaje de los negocios". Fue entrevistado por Betty Furness, periodista especializada en la problemática del consumidor, para el programa *Today Show* de la NBC, y participó de un debate sobre el inglés llano en el *MacNeil/Lehrer Report* de la PBS. Dan Rather mencionó el trabajo de la compañía de Siegel en el noticiero vespertino de la CBS; la revista *People* publicó tres páginas de Preguntas y Respuestas bajo el título "Donde Alan Siegel, la primera parte contratante, quiere excluir la jerga legal de los contratos". No hace mucho, Weiner recordó que "Alan, alto, apuesto, y pleno de energía y entusiasmo, era un estupendo invitado para los programas de entrevistas", agregando que Siegel se había convertido en una especie de "celebridad –la tuvo, y todavía la conserva".[93]

Los principales formadores de opinión apoyaron el proyecto. Ralph Nader, defensor de los consumidores, hizo comentarios favorables sobre la obra de Siegel, de los cuales se hizo eco Edwin Newman, de la NBC, quien regularmente escribió y habló por radio acerca de la lengua inglesa y las artes del lenguaje. Podría decirse que quien ejerció mayor influencia fue Bess Meyerson, la Directora de Servicios al Consumidor de Citibank. Según Siegel, su proyecto jamás habría visto la luz si ella no hubiera convencido de sus beneficios al Presidente de Citibank, William Spencer.[94]

Siegel demostró tener un perfecto sentido de la oportunidad. Habiendo finalmente logrado el visto bueno de la legislatura, el consumismo arrasaba la nación, y aumentaba la conciencia de que se imponía la necesidad de un lenguaje claro en los documentos donde se asentaban las transacciones. Peter M. Sullivan, legislador por el Estado de Nueva York, redactó la primera ley del Lenguaje Llano en 1977, en la que se estipula que todo contrato crediticio por una suma de hasta 50.000 dólares, especialmente si está destinado a préstamos personales, familiares, o vivienda, deben redactarse en lenguaje claro y coherente, con términos que conserven sus significados cotidianos.[95] A la fecha, más de cuarenta estados han adoptado leyes que exigen la redacción de contratos en inglés claro y legible.

El interés del gobierno de los Estados Unidos por crear documentos claros y comprensibles es cíclico y de larga data. Terminada la Segunda Guerra Mundial, un empleado de la Oficina de la Administración de Tierras [Bureau of Land Management] escribió un libro titulado *Gobbledygook Has*

Gotta Go [La jerigonza debe desaparecer]*.⁹⁶ Pero no sucedió. En la década de los 70, el Presidente Nixon impulsó el uso del lenguaje llano, ordenando que las inscripciones en el Registro Federal se redactaran en "lenguaje no especializado". En 1978, el Presidente Carter emitió una orden ejecutiva, luego rescindida por el Presidente Reagan, según cuyos términos las reglamentaciones gubernamentales debían ser "eficaces en función de los costos así como de fácil comprensión". El Presidente Clinton intentó revivir, sin mucho éxito, el movimiento en pro del lenguaje llano para usos oficiales, y encomendó al Vicepresidente Al Gore que alentara su uso. Varias organizaciones gubernamentales, de entre las que sobresale la Administración Federal de Aviación, exigen que las comunicaciones por escrito sean claras, y han publicado pautas a tal efecto. Hasta la fecha, la administración del Presidente George W. Bush no ha hecho pública ninguna iniciativa formal relativa al uso del lenguaje llano.⁹⁷

El proyecto para el diseño de los documentos

Quizá el aporte gubernamental más importante a la simplificación del lenguaje fue el Proyecto para el diseño de los documentos (1978-1981) con fondos del Ministerio de Educación. Consistía en un exhaustivo estudio de los documentos públicos para ayudar a las organizaciones federales dispuestas al cambio a comunicarse en lenguaje llano. El

---

* La palabra *gobbledygook* fue inventada por Maury Maverick Sr. en un memo fechado el 30 de marzo de 1944. En calidad de presidente de la U.S. Smaller Plants Corporation [Corporación estadounidense de pequeñas empresas bélicas] durante la Segunda Guerra Mundial, Maverick prohibió el uso de la jerigonza en los discursos oficiales. Cansado del lenguaje pomposo, el ex miembro de la Cámara Nacional de Representantes por el Estado de Texas (D), declaró que cualquiera que activara o implementara este lenguaje sería fusilado. Gobbledygook: Definitions, Synonyms and Much More, http://www.answers/com (consultado el 4 de abril de 2006).

contrato fue adjudicado a un equipo tripartito: el American Institutes for Research (AIR), la Universidad Carnegie-Mellon, y Siegel+Gale. El consorcio así formado ayudaba a las organizaciones a utilizar lenguaje llano en la redacción de reglamentaciones y documentos tales como las normas aplicadas a la vivienda y al urbanismo dentro de la Ley de Privacidad, y en clarificar los formularios mediante los cuales los estudiantes solicitan ayuda financiera. *Guidelines for Documents' Designers*, una de las publicaciones del proyecto, realizada en 1980 en una máquina de escribir, todavía es utilizada por los escritores del gobierno.[98]

El equipo que se ocupó del Diseño de Documentos realizó su propia investigación sobre los programas gubernamentales, y elaboró una conclusión final sobre todos los estudios relacionados con la simplificación de comunicaciones gubernamentales y legales. Siegel integró el comité ejecutivo a cargo del proyecto, supervisó parte de la investigación, y trabajó en contacto directo con las demás organizaciones asociadas.[99] De manera nunca vista, el proyecto integraba la teoría y la investigación con la práctica; no se proponía 'corregir' los documentos, sino encontrar soluciones creativas que condujeran a la redacción de textos comprensibles y persuasivos. A tal efecto, la organización y el formato de los documentos cobraba tanta importancia como la selección del lenguaje.

El Proyecto para el diseño de documentos continúa ejerciendo un impacto general positivo. Janice Redish, ex directora del proyecto, declara: "En aquel momento tuvo una influencia enorme, y se mantiene en la actualidad. Mucho de lo que hicimos Alan, mis colegas, y yo, se ha convertido en algo que la gente espera que suceda naturalmente". Atribuye al abogado Felsenfeld el crédito de haberse mostrado precavido en los riesgos que asumió al modificar el contrato crediticio de Citibank; es decir, al mejorar la comunicación eliminando cláusulas de protección jurídica a las que raramente era necesario recurrir. Redish, doctora en Lingüística por Harvard, siempre estuvo a la vanguardia de la comunicación y fue pionera en el testeo del uso de software para computadoras y en el diseño de documentos online.[100]

Siegel desempeñó un papel seminal en la promoción del movimiento que propugnaba el lenguaje llano. Trabajó en estrecha colaboración con la Universidad Carnegie Mellon, que recibió un subsidio de los Institutos Nacionales para la Educación [National Institutes for Educación] a fin de crear dos programas de posgrado: una maestría en artes especializada en escritura profesional (en oposición a la 'escritura creativa') y un doctorado en retórica.*[101]

Siegel fue co-fundador y co-dirigió el Centro de Diseño de la Comunicación en Carnegie Mellon durante varios años, ejerciendo a la vez el cargo de profesor asociado.

En sus propias palabras: "Pasé mucho tiempo en Pittsburgh, trabajando con el Profesor Erwin Steinberg, director del Departamento de Psicología, quien fue originariamente decano de la Facultad de Humanidades y experto en James Joyce. En su tiempo libre enseñaba escritura llana a hombres de negocios, y juntos movilizamos a especialistas en estadística, retórica, diseño gráfico, psicología cognitiva, y computación para crear el Centro de Diseño de la Comunicación".[102]

En su sexagésimo año de docencia en Carnegie Mellon, el Dr. Steinberg enseña estilística en la Maestría de Escritura Profesional. Continúa utilizando el "maravillosamente logrado cuadernillo" *Simple Is Smart* ideado hace 25 años por Siegel+Gale, y sostiene que el lenguaje llano y la Comunicación Simplificada son exactamente la misma

---

* Los cursos sobre diseño de documentos, lenguaje simplificado, retórica, y similares se difundieron en muchos *colleges* y universidades, desde la Universidad de Massachusetts y R.P.I. hasta las de Washington y California del Sur.

cosa. El Dr. Steinberg afirma que "Alan da rostro y voz a los clientes; el lenguaje es parte de la voz".[103]

El legado de la simplificación

Uno de los principales dividendos arrojados por la asociación entre Siegel y Carnegie Mellon reside en los graduados de la universidad. Con el correr de los años, más de cincuenta egresados contribuyeron grandemente al éxito de Siegel+Gale. Irene Etzkorn, una de las más brillantes, solicitó su ingreso al curso inaugural de la Maestría en Escritura Profesional de Carnegie Mellon. Con anterioridad a este paso, se había desempeñado como inspectora impositiva en la oscura Hotsville de Long Island, donde se encontraba el centro de procesamiento del IRS*, y trabajado también como entrevistadora para la confección de censos. "Me horrorizaba ver que la gente completaba su declaración de impuestos con crayones", dice. "Era tan obvio que no tenían la menor idea de lo que hacían", un estado de situación que encontró repetidamente cuando realizaba los censos.[104]

Durante su primer semestre en Carnegie Mellon, Etzkorn asistió a una conferencia de Siegel, disertante invitado, en la que éste habló de los proyectos lingüísticos de su firma, y ahí la muchacha descubrió una compañía empeñada en rectificar problemas de comunicación reales, no planteos teóricos. Relata que "se percibía que Siegel creía sinceramente en su postura". En aquella ocasión, presentó casos que mostraban la forma en que su empresa simplificaba la comunicación en bancos, compañías de seguros, el IRS, y la Oficina de Censos. La conferencia selló el rumbo de su carrera.[105]

Intuyendo la importancia de la labor desarrollada por

---

* Internal Revenue Service, o Hacienda Pública, entidad oficial encargada entre otras cosas, de la recaudación fiscal (N. de la T.)

Siegel+Gale, se sumergió en el programa interdisciplinario, que combinaba habilidades prácticas como la escritura técnica, la redacción profesional, y la programación informática con cursos teóricos sobre retórica moderna y ciencias cognitivas. Etzkorn sostiene que "la transmisión carismática de Alan, el atractivo de una oficina en el centro de Manhattan y un reciente artículo sobre él publicado en la revista *People* me bastaron para saber dónde quería trabajar".[106]

En 1981, Etzkorn ingresó en Siegel+Gale como practicante por la temporada de verano, y fue confirmada en un puesto efectivo, desde el que trabajó en los proyectos de simplificación que mayores desafíos presentaban a la firma, incluyendo la creación de nuevos formularios de declaración de impuestos. Llegó a dirigir el Equipo de Comunicación Simplificada y, en la actualidad, se desempeña como consultora y continúa innovando en temas de simplificación para las grandes corporaciones y departamentos del gobierno.

Proyectos que marcaron hitos

Los siguientes ejemplos de los proyectos de Siegel+Gale que marcaron hitos son una muestra de aquellos que impulsaron la Simplificación a nuevos niveles en términos de impacto comercial y de comunicación innovadora.[107]

CONTRATO CREDITCIO DEL CITIBANK: El proyecto de Simplificación, de ejecución relativamente rápida, fue recibido positivamente por el público y los medios de publicidad, lo cual permitió la realización de proyectos más amplios.

FORMULARIO PARA CENSOS: El primer formulario para censos que las personas completaron por sí mismas en vez de responder las preguntas de un entrevistador especialmente designado.

SIMPLIFICACIÓN DE LOS FORMULARIOS DE DECLARACIÓN DE IMPUESTOS: Mediante un proyectó que abarcó un trienio, Siegel+Gale, en compañía de la firma contable Deloitte Haskins and Sells, la empresa de investigaciones Yankelovich, Skelly & White, y un experto en legibilidad formularon nuevas ideas para mejorar la exactitud de los cálculos por medio de algoritmos, dieron especificidad a los formularios según las diferentes categorías de contribuyentes, introdujeron ejemplos y cuadros, simplificaron la terminología, y aplicaron la estructuración, la presentación, y otras técnicas de simplificación. Los resultados de la prueba fueron sobresalientes, aunque el gobierno realizó su propia selección de las soluciones, particularmente por lo que respecta al agregado del Formulario 1040EZ y a los paquetes de instrucciones, que fueron radicalmente rediseñados.[108]

INFORME DE LA AGENCIA DE BOLSA SHEARSON-LEHMAN: El primer informe bursátil verdaderamente legible en la historia de la industria, y que fue ampliamente emulado. En la actualidad, muchas de sus características se dan por sentadas, tales como una página que resume los tipos de inversión, cambios en los valores, porcentaje de la cartera, utilidades a la fecha, y ganancias y pérdidas de capital. Shearson cambió varias veces de dueños, pero veinte años después de haber efectuado la reforma, su informe pionero conserva su frescura y su aire familiar.

FACTURA TELEFÓNICA DE GTE: La primera factura telefónica modificada por Siegel+Gale correspondió a NYNEX, aunque la de GTE resultó mucho más compleja, pues introdujo por primera vez planes de marketing personalizados, a fin de promocionar planes que el cliente pudiera seleccionar el más conveniente de acuerdo con sus patrones habituales de uso. Aunque ninguna de las compañias mencionadas existe actualmente, las facturas simplificadas han sido objeto de amplia emulación.

SISTEMA DE FORMULARIOS DE AMP (AUSTRALIA): Siegel+Gale demostró cómo estandarizar una extensa gama de formularios de seguros creando plantillas para computadoras láser que 'filtraban' todos los formularios.

GUÍAS FINANCIERAS WSJ: En 1989, Siegel y Kenneth Morris iniciaron su trabajo en colaboración para producir una serie de guías financieras. A excepción de la primera, *The Wall Street Journal Guide to Understanding Money & Markets*, escrito junto con Richard Wurman y publicado por Access Press, todos los demás fueron editados por Lightbulb Press, propiedad conjunta de Siegel y Morris. Los libros estaban basados en los principios de la simplificación del lenguaje y fueron distribuidos por *The Wall Street Journal*, su principal suscriptor, alcanzando una venta que superó los dos millones de ejemplares en el país. Copiosamente ilustrado, escrito en lenguaje llano, y maravillosamente impreso, los volúmenes en rústica de 5 por diez pulgadas desmistificaban temas financieros que iban desde las finanzas personales y los impuestos hasta las inversiones y los planes de retiro.

Siegel cree que las guías resultaron de utilidad para periodistas, estudiantes de las maestrias en administración de empresas, y consumidores en general. "Cuando concurro a entrevistas en programas dedicados a negocios emitidos por la televisión por cable, los periodistas me dicen que utilizaron las guías para familiarizarse con la terminología especializada al iniciar su carrera. Veo estos libros en las oficinas de mis clientes dondequiera que voy".[109]

Ann Breaznell, profesora de tipografía en el College of St. Rose, afirma que "el impacto de la simplificación en la creación de documentos ha sido tan profundo que hemos llegado a tomarlo como algo natural. Estamos tan acostumbrados a los materiales que ya han sido sometidos a este proceso que cuesta mucho imaginar lo malos y complicados que eran los documentos". Es sólo cuando uno compara los documentos antes y después de su simplificación que la transformación se patentiza. Breaznell dice que Siegel "tiene una visión de las cosas que otros no tienen".[110] Y Etzkorn está de acuerdo: "Alan es uno de los fundadores del movimiento en pro del lenguaje llano".[111] De entre los muchos logros de Siegel, su esposa Gloria se enorgullece particularmente "de los primeros trabajos relacionados con el lenguaje que realizó para Citibank y el IRS. Se produciría un escándalo si la gente se diera cuenta que simplificó los formularios de rentas de los Estados Unidos, en gran parte descartados por la administración Reagan cuando éste ganó las elecciones que desplazaron a Carter del gobierno".[112]

Capítulo 6: Creando una voz corporativa

La gran mayoría de las corporaciones, instituciones sin fines de lucro, y agencias gubernamentales se comunican con sus clientes, empleados, y otros integrantes por medio de instrumentos confusos o embrollados. El hecho liso y llano es que las corporaciones no han desarrollado un lenguaje claro y contundente que defina su identidad, su actividad, y lo que representan; es decir, carecen de una voz corporativa que las diferencie. [...] Para lograr eficacia en la comunicación y construir una identidad inconfundible, es necesario que cada organización desarrolle una voz propia, inmediatamente reconocible; una voz que evoque imágenes y asociaciones poderosas; una voz que fusione contenidos, lenguaje, y diseño para transmitir la personalidad, visión, y punto de vista que diferencian a la organización. Mediante una voz corporativa unificada, cada faceta de la comunicación puede construirse con base en su identidad, apalancando las oportunidades de comunicación que ofrecen los diversos medios con mensajes coherentes y unificados [...]Encontrar esta voz, diseñarla, y administrarla constituye una de las cuestiones más críticas y complejas a las que se enfrenta la gestión corporativa.

—*Alan Siegel*[113]

Durante los 80 y los 90, la clientela de Siegel+Gale experimentó un crecimiento imponente. Las lecciones aprendidas como resultado de cada nuevo proyecto aumentaron la base de conocimientos y la capacidad de la firma, que se describía a sí misma como una consultoría internacional en el campo de la comunicación, con grandes oficinas en Nueva York, Londres, y Los Angeles, y un puñado de filiales desparramadas por el mundo, según dónde surgieran nuevos negocios.

Lecciones de voz

Siegel avanzó decididamente hacia la práctica del *branding* moderno cuando comenzó a refinar y codificar los programas integrados de comunicación corporativa bajo el título de Voz Corporativa. Escribió que, en la década de los 80, su firma "desafió las prácticas convencionales de comunicación" transformando la identidad corporativa en programas de Voz Corporativa. Manifestó que la nueva idea y su denominación se proponían "definir la cualidad singular de la proposición de negocios de una compañía, y asegurarse de que la compañía en cuestión se valiera de todos los puntos de contacto entre ella y sus clientes para hablar con una sola voz, coherente y unificada". Al ayudar a otras empresas a encontrar sus voces, tanto Alan Siegel como su firma habrían de encontrar también la suya propia.[114]

En un extenso seminario que Kenneth Cooke, director creativo de Siegel+Gale, dictó en 1994 para los nuevos empleados de la firma, se establecieron diferenciaciones bien delimitadas entre voz e identidad: "Nos dedicamos al arte conceptual antes que a la ejecución gráfica. Lo que entregamos al cliente es nuestra huella: concebimos, diseñamos, y producimos la Voz Corporativa. Todos trabajamos en pro de un ideal único, una estrategia central, y somos capaces de implementar soluciones de alto nivel".[115]

La 'estrategia central' mencionada se lleva a cabo mediante un enfoque holístico de la comunicación corporativa: la orquestación interdisciplinaria del branding, la nomenclatura, la publicidad, la identidad corporativa, la comunicación simplificada, los medios interactivos, y el diseño. Cooke afirmó que "la identidad debe obrar en armonía con todo lo que una compañía hace y dice. Constituye la totalidad de su expresión". Insistió en que "la Voz Corporativa *no* es un mecanismo de venta de nuestros servicios. Queremos mensajes que se unan para lograr la *resonancia*".

El método de Siegel+Gale consistía en *definir* los componentes de la Voz Corporativa, *testear* los resultados y, finalmente, *ejecutar* la Voz. Por falta de capacidad para realizar las investigaciones pertinentes en su propia firma, Siegel+Gale tercerizaron la tarea, contratando otras empresas independientes, como Yankelovich, Skelly & White, por ejemplo. Siegel acogió con beneplácito la imparcialidad de los investigadores externos, pues estaba convencido de que, si su propia empresa llegaba a dar una mínima impresión de que evaluaba el trabajo hecho allí, se exponía a arriesgar su credibilidad.

Propuso un modelo psicológico como base del análisis de la Voz Corporativa[116]: Los *atributos de personalidad* de una corporación se infieren a partir de entrevistas (a menudo conducidas por Siegel) a personal jerárquico, empleados, otros integrantes de la corporación, y una gran cantidad de 'tareas para el hogar' independientes.[117] El equipo a cargo del proyecto investiga la herencia, cultura, recursos, visión, valores, y diferencias específicas de la compañía en relación a la industria a la que pertenece y a la competencia que enfrenta. Con base en los datos recogidos, el equipo de Siegel+Gale diseña una *declaración de posicionamiento* que define la 'idea general' o una proposición enérgica de la que se desprenda sucintamente la esencia de la organización. Es crucial que el posicionamiento esté *sustentado por los hechos*. Siegel exige que todas las declaraciones de posicionamiento sean *únicas*, *diferencien* al cliente de la competencia, y se expresen en *lenguaje distintivo*. La prueba de fuego que debe pasar el posicionamiento es su *credibilidad, claridad, y pertinencia*. Luego el equipo construye una *estrategia* que exprese el posicionamiento, sugiriendo mensajes, gráfica, imágenes, y lenguaje apropiados, así como los medios para difundirlos: publicidad, relaciones públicas, papelería, información a los empleados, incluyendo la manera en que deben responderse los llamados telefónicos.

Con frecuencia, el abecé de las remodelaciones de la identidad corporativa gira sobre un cambio de logo (un gesto simbólico), de eslogan, o de una campaña de 'imagen'. Por el contrario, la Voz Corporativa se propone crear *una plataforma de comunicación distintiva, a largo plazo, unificada, y exhaustiva* de modo tal que pueda testearse antes de su ejecución a fin de asegurar que motivará conductas de apoyo. Siegel lo llama el factor "¿y entonces?", aludiendo a la pregunta "¿y entonces qué puede hacer su programa por mí, el cliente?"[118]

Voces distintivas

Siegel valora muchísimo la siguiente proposición: "para destacarse por sobre los ruidos del mercado, una corporación debe hablar con voz clara, coherente, y distintiva".[119]

En un discurso pronunciado ante la Conference Board, citó la analogía de la voz del escritor, la percepción de la persona que se encuentra detrás de la prosa, la poesía, o la obra teatral. "La mayoría de las personas puede discernir la voz de su autor favorito", dijo. "Por ejemplo, el modo distintivo de expresión de Ernest Hemingway era parco y selectivo, muy fácil de parodiar por ser tan rápidamente identificable".[120]

Este discurso, y tantos otros de igual tenor, se basaba en un elegante cuadernillo escrito por Siegel+Gale bajo el título de *Corporate Voice: A New Approach to Communications in the 1990s*. El cuadernillo, que ostentaba atractivas ilustraciones y un lenguaje inspirado en un cuidadoso análisis, contó con la producción de Crane Business Papers, una empresa que había invitado a Siegel a dirigirse a un grupo de respetados comunicadores de temas de negocios. En él Siegel desgranó las voces corporativas de compañías con las que la mayor parte del público estaba familiarizado[121]:

Apple Computers. *Voz descarada, exuberante, e irreverente. Celebra una nueva generación y una nueva manera de pensar, donde ya no reina el absolutismo del jefe, de la compañía, ni de alguna otra autoridad, sino el individuo. El símbolo que la evoca, su estilo lingüístico ingenioso, informativo, e irreverente, su gráfica despreocupada y sofisticada a la vez, las cualidades imaginativas de su publicidad y diseño de producto, que cubren hasta los caprichosos íconos de las pantallas, prestan su apoyo a un mensaje contundente. Esta voz verdaderamente 'corporativa' resuena con tanta claridad como la voz humana. Habla por todos aquellos que trabajan para una compañía, compran sus productos, o se identifican con sus valores.*

Ralph Lauren. *Mirar un anuncio publicitario de Ralph Lauren, inclusive entrar en una [de sus]tiendas equivale a ingresar a un puro mundo de fantasía, surgido –ya plenamente desarrollado– de la imaginación de un hombre. Los anuncios de Lauren, todos ellos superproducciones, despliegan una página tras otra de moda femenina y masculina, artículos para el hogar, equipaje, calzado, accesorios, y otros productos, en escenarios de cuentos de hadas, modelos deslumbrantes de rasgos bellos y refinados, y objetos de utilería fabulosos que llaman poderosamente la atención. Todo suma para crear un ambiente sin fisuras, de modo tan convincente que es posible visualizar las vidas de estas personas y extraer una noción realista de quiénes son, dónde se educaron, dónde compran y qué hacen en la intimidad [...] Los productos parecen tomar* *una posición secundaria ante la perfección de los escenarios y de esas vidas que pueden imaginarse en su totalidad [...] En última instancia, la voz distintiva [de la compañía] reside en el mismísimo Lauren. [...]Él ha dicho: "Para que yo ponga mi nombre a algo, debo desear poseerlo".*

Tiffany & Co. *Aunque posee todo el lujo y la opulencia vinculados a [otros] joyeros exclusivos, el nombre de "Tiffany & Co." conlleva una magia particular que le permite atraer a un público mucho más amplio. La voz de Tiffany transmite elegancia accesible: exclusiva sin ser elitista; glamorosa sin ser intimidante. Para la gran mayoría de los estadounidenses promedio, que no pueden permitirse el lujo de comprar ahí regularmente, un regalo de Tiffany representa algo especial. Su regalo siempre será bien recibido si llega en la célebre caja azul.*

Metropolitan Life. *En una industria que no se distingue por su brío ni excitación, Metropolitan Life siempre sobresalió entre las empresas más tradicionales. [...] Pero cuando comenzó a cotizar en Bolsa con una nueva campaña en 1985, adoptó una línea inesperada al elegir los personajes de la tira cómica Peanuts para su nueva comunicación corporativa. Resulta difícil imaginar voces menos creíbles que las de Snoopy, Charlie Brown, Lucy, o Woodstock representando el carácter conservador de Met Life. Alegre y divertida, esta nueva voz ofrece un contrapunto inesperado aunque entrañable a una industria generalmente cargada de tintes sombríos. [...] El vigor y la consistencia de su voz hace que la compañía se eleve sobre sus competidores sin rostro [...] un toque de personalidad bienvenido en un negocio que no suele tenerla.*

Al igual que el ADN de un organismo viviente, los análisis de 'impresión de voz' realizados por Siegel sobre estas compañías son tan exactos que podrían haberse escrito la semana pasada. En realidad, el cuadernillo data de 1989. Al difundir su evangelio de la Voz, Siegel reforzó su tesis, describiendo las características distintivas de otras resonantes voces corporativas: Walt Disney, The Gap, Braun y Herman Miller... Las voces sonaban auténticas a sus oyentes, e invariablemente Siegel los persuadía. Con recalibraciones periódicas, todas ellas han perdurado hasta nuestros días, lo cual es un tributo a su cuidada ejecución y administración.

A modo de un mantra, Siegel solía repetir a posibles compradores del producto, clientes, y asociados que los programas exitosos basados en voces se caracterizan por su *coherencia, claridad, y credibilidad.* Expandiendo la metáfora de la 'voz del autor', un escritor no alterna caprichosamente entre la primera y la tercera persona, ni adopta súbitamente un tono formal una vez establecido un tono íntimo: si así lo hiciera, el lector se sentiría confundido y desanimado por la falta de armonía de tales cambios.

Los teóricos modernos encuentran las bases de la gestión respetable en los conceptos aristotélicos de la retórica: el *logos*, el *pathos*, y el *ethos*. El *logos* descansa en la razón, en la plausibilidad de la evidencia para sostener una posición. El *pathos* opera sobre las emociones, mientras que el *ethos* formula la pregunta crítica: ¿puedes confiar en esta voz?[122]. Dicho de otro modo: la voz, ¿es coherente, transparente, creíble? El receptor, ¿comprende y *desea* creer en el mensaje y en el emisor? En grados diversos, estos tres elementos rigen la Voz Corporativa. Bien implementada, la Voz hace un llamado a la autenticidad, la credibilidad, y el carácter del hablante (la compañía). Y, lo que reviste gran importancia, la Voz tiene la capacidad de moldear las percepciones de quienes escuchan al orador corporativo.

La creación de un modelo de voz

Si bien Siegel se refirió tempranamente a la idea de la Voz Corporativa, al principio la puso en práctica esporádicamente y, además, no advino a la existencia como un todo. Los rudimentos que se fusionaron para formar el programa de la Voz fueron emergiendo durante más de una década de tareas que se presentaron como verdaderos desafíos, de mejoras en los diseños, en la investigación diagnóstica, la generación de nombres y sistemas de nomenclatura, en la introducción de nuevas tecnologías, y en cultivar con todo cuidado las relaciones con los clientes.

De entre los proyectos y nuevas capacidades que sumaron contenido, direccionalidad, y timbre a la Voz Corporativa así como a la Voz de la Marca, es necesario poner atención en los siguientes:

Chubb. En 1984, el Grupo Chubb de Compañías Aseguradoras deseaba, en principio, una póliza personal de seguros simplificada para cubrir las necesidades particulares de sus clientes con gran poder adquisitivo. La investigación encontró que el proceso de emisión de pólizas empleado por Chubb era "engorroso, costoso, extremadamente confuso, y tomaba demasiado tiempo [...]"[123]. El equipo de Siegel+Gale desarrolló un sistema de políticas de protección a colecciones de arte, autos y viviendas de lujo al que llamó, acertadamente, Masterpiece®. Recurriendo a la tecnología electrónica y a documentos redactados en lenguaje personalizado, aumentaron la eficiencia del proceso asegurador de Chubb para abastecer las necesidades de familias e individuos. El programa fue diseñado sobre una proposición referida al valor de la marca, que reflejaba la solidez financiera de Chubb, su consultoría sofisticada sobre el control de las pérdidas, y su enfoque del manejo de los siniestros basado en una filosofía de 'el cliente es lo primero'. A medida que el programa se extendió a otras líneas de seguros, la firma contribuyó a moldear y comunicar la voz distintiva de Chubb mediante una variedad de medios, especialmente el elegante anuncio creado por Larry Oakner, redactor de anuncios radiales, y Peter Swerdloff, que por aquellos días se dedicaba a la redacción publicitaria y ahora es estratega senior de Siegel+Gale. "La voz de Chubb es siempre elegante, sofisticada, y sutil", declaró Siegel.[124] Durante quince años de relación con Siegel+Gale, Chubb acrecentó el reconocimiento de su nombre, se afirmó como líder en el mercado de los seguros personales para sectores de alto poder adquisitivo, y gozó del reconocimiento derivado de responder rápida y equitativamente a las denuncias de siniestros.

Xerox. La imagen de la compañía descendió a su mínimo histórico a mediados de la década del 80. De manera genérica, su nombre se convirtió en sinónimo de la fotocopia, y el muy difundido error de percepción de que Xerox no era otra cosa que 'una empresa de fotocopiadoras' podía obstaculizar su expansión hacia otras áreas del mercado. En realidad, Xerox ya había avanzado sobre la impresión y publicación electrónica, abriendo un nicho único dentro de la gestión documentaria. Al posicionar a Xerox como "la compañía de los documentos", Siegel+Gale redireccionaron la línea de marketing, dando menos importancia a las máquinas en sí y enfatizando lo que eran capaces de hacer.*[125] Con la precisión del láser, el nuevo posicionamiento contribuyó a resolver los problemas de identidad de la empresa, iluminando su futuro y actuando como plataforma de lanzamiento para los nuevos productos afectados al campo de la publicación.[126]

Caterpillar. En 1990, Caterpillar, la mayor fabricante del mundo de equipos para la construcción y minería, descentralizó su estructura, acercándola a sus mercados, sin advertir que estaba concediendo a los centros que buscaban el lucro agresivamente la libertad de modificar sus marcas registradas en una mezcla nominal de diversos elementos. Siegel persuadió a los directivos de que la identidad de la empresa "no se limitaba a la gráfica y al logo [...] estaba íntimamente relacionada con sus valores y con el sentido de misión que alentaba la compañía".[127] El nuevo posicionamiento apuntaba a lo siguiente: "Caterpillar posibilita que los planificadores y constructores conviertan sus ideas en realidades. No nos enorgullecemos sólo de lo que hacemos, sino también de lo que hacemos posible". Los comunicadores de la compañía que fueron entrenados en los talleres de Siegel+Gale comprometieron a empleados del mundo entero en el programa de la 'Voz Única', como la empresa dio en llamarlo. La Voz Única resonaba en los anuncios propalados por las noticias sobre grandes negocios, así como en programas deportivos y de actualidad. Los anuncios impresos y televisivos mos-

---

* Siegel y otros ejecutivos de empresas publicitarias, marketing directo, y relaciones públicas sostuvieron una reunión con funcionarios de Xerox para presentar las pautas de posicionamiento que se les habían pedido. Cuando le llegó el turno a Siegel, éste ofreció su Documento para la Compañía. Un publicista ladró: "¿Qué demonios es eso?" Según una fuente interna, Siegel respondió: "Si no lo sabes, no seré yo quien te lo explique, pedazo de caballo".

traban los equipos de Caterpillar demoliendo el muro de Berlín y apagando los incendios producidos en los pozos petroleros de Kuwait. Este programa, sostenido durante una década mediante los anuncios impresos y televisados creados por Peter Swerdloff, brindaron a Caterpillar un enfoque más disciplinado para el cultivo de su propia voz (es decir, a estas alturas, de su marca), demostrando que es indispensable educar a los empleados para que transmitan claramente el valor de la marca.

Diseño memorable

Quizá porque Siegel contextualiza los logos y el diseño gráfico (algunos dirían que los somete) en su persecución del objetivo final, que consiste en obtener marcas 'ganadoras', no se da a su firma el crédito que merece por su habilidad de diseño. A decir verdad, desde el comienzo mismo, la carpeta de diseño de Siegel+Gale deslumbró con logotipos que transmiten el mensaje de manera excepcional y con estilos visuales que se adecuan a las personalidades de sus clientes.

La marca del banco *Mellon* se mantiene perfectamente después de tres décadas, aún cuando los directivos interpretaron que las tres líneas interiores, rodeadas por un círculo, representaban una 'm', mientras que el diseñador sólo se proponía referirse a las tres principales líneas de negocios del banco.[128]

La "A" de *Akura*, obra de Jim Cross, ex diseñador y asociado de Siegel+Gale, es mundialmente reconocida como el calibrador de los artesanos, el símbolo del "Desempeño Medido por la Precisión". (En Japón, bien podría leerse el logo como una variación del venerado

Shinto Torii, o portal del templo, utilizado por Honda, la casa matriz de Akura).

La "marca del globo" de **Nortel**, un brazalete icónico que reemplaza la "o" de Nortel, ilustra gráficamente su posicionamiento: "Un mundo de redes".

El logo de **MTA** (Metropolitan Transit Authority) de la ciudad de Nueva York, un círculo inicializado que da la sensación visual de ir retrocediendo hacia un túnel ferroviario donde se pierde, integra, simbólicamente, en la mayor red de transporte regional del mundo, a sistemas que no solían estar relacionados, aunque todos ellos atravesaban túneles.

El logo de **Dell**, con la "E" de punta, tal como la compañía revolucionó la industria de las PC, constituye uno de los diseños más memorables de Siegel+Gale.

Más recientemente, la firma creó la tarjeta holográfica **Blue** de **American Express**, con un "chip inteligente" insertado. La revista *I.D.* escribió que se trataba de "un cambio radical respecto de las conservadoras tarjetas verdes de American Express".[129]

Todos estos diseños son elegantes, sencillos, a veces minimalistas, pero cargados de significado y de larga vida.
Hace tres años que Howard Belk, Director de Cogestión de la oficina de Nueva York, ocupa el cargo. Sin embargo, conoció a Siegel a los veintidós años –hace un cuarto de siglo– cuando trabajaba por las noches como diseñador free lance en las oficinas que Siegel+Gale ocupaba en el Edificio Stevens de Nueva York. Por azar, Siegel entró en una habitación en penumbras, vio a Belk, y rugió: "¿Quién demonios eres tú?"

Hoy en día, Siegel reconoce a Belk no sólo como Director de Cogestión en Nueva York sino también como jefe de Diseño, un rol desde el cual Belk se involucra estrechamente con el desarrollo conceptual. Aceptando que "la fuerza centrífuga de Siegel+Gale es la estrategia, simple y contundente", Belk afirma: "Queremos dar ventajas a la nueva tecnología y ayudar a que las organizaciones incluyan el factor marca en sus relaciones con los clientes. Ése es el núcleo de nuestro negocio en un mundo de rápidos cambios: un lenguaje inteligente, una voz, y cuidados de mantenimiento. No tenemos un estilo estándar: lo que importa es la originalidad de las ideas".[130]

Belk relata un encuentro que él, Siegel, y otros colegas sostuvieron con el ex senador Bob Kerrey, ahora presidente de The New School, una universidad urbana cuya mismísima existencia desafía las convenciones académicas (Ver "Marcas de avanzada", Capítulo 9). Según recuerda Belk, mientras pasaba revista a los diseños preliminares con el Senador Kerrey y sus asesores, Siegel dijo: "Tenemos un diseño que rompe todas las reglas, pero seguramente a usted no le gustará cuando lleguemos a él". Belk dice que "eso [el desafío] cerró la operación. Kerrey lo eligió, nosotros lo refinamos, y es el que se utiliza actualmente".

Fotografías e ilustraciones

En 1955 y 1956, las proezas basquetbolísticas realizadas por Siegel en la Escuela Secundaria Long Beach en Long Island atrajeron considerable atención. Por entonces, la revista *Dell* lo seleccionó como uno de los jugadores más destacados del país.

En septiembre de 1956, Siegel se inscribió en la Universidad de Cornell (Ithaca, Nueva York). Egresó de la Facultad de Relaciones Industriales y Laborales, decidido a convertirse en abogado especialista en Derecho Laboral.

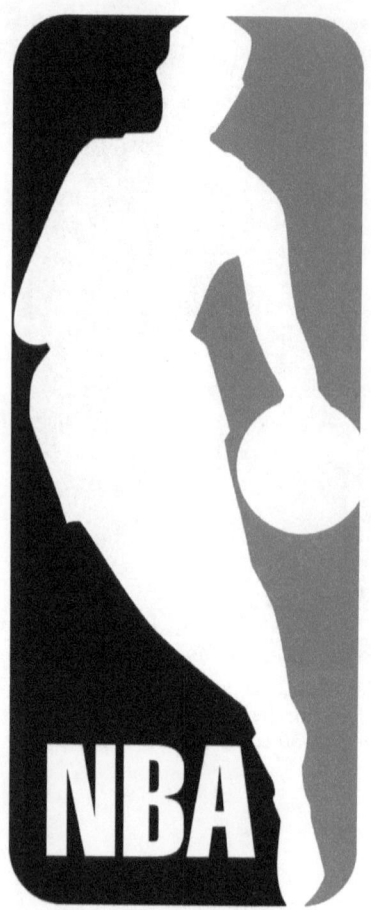

Anteriormente conocida como US Rubber, Uniroyal fue el primer programa de identidad de gran envergadura abordado por Siegel+Gale. La marca se inspiró en la de los neumáticos que se vendían en sus almacenes minoristas.

El ubicuo logo y la identidad corporativa de la NBA se basó en una fotografía de Jerry West, figura legendaria del baloncesto, tomada de la revista *Sport*.

En 1975, Siegel+Gale fue contratada para crear la nueva identidad de The Consolidated Rail Corporation (CONRAIL), una entidad formada en reemplazo de seis compañías ferroviarias del noreste que habían quebrado. La representación gráfica se basó en que el presidente afirmaba que un ferrocarril consiste de "ruedas de acero sobre vías de acero".

El logo de Pitney Bowes, creado en 1971, tiene forma de cruz compuesta por ángulos rectos nidificados, y simboliza la exactitud de la repetición de la máquina de franqueo y la permanente innovación tecnológica de la compañía.

En 1977, 3M introdujo un nuevo e impactante logo junto con un programa de voz global que hablaba en acentos locales a fin de dotar a su comunicación de claridad y coherencia.

Siegel+Gale trabajó con la Interbank Card Association para cambiar el nombre de Master Charge a MasterCard y crear una nueva identidad global.

 Mellon

Alan Siegel incrementó la visibilidad y los beneficios de la comunicación simplificada para el campo jurídico, médico, y gubernamental mediante discursos, artículos, y presentaciones ante comisiones parlamentarias, todas las cuales fueron impresas y ampliamente difundidas.

En 1981, el Banco Mellon contrató a Alan Siegel para abandonar su condición de banco regional y reposicionarse como un importante banco nacional. La estilizada "M" de la marca lo identifica a primera vista, y no se ha cambiado hasta la fecha.

El poder del lenguaje llano, ampliamente promovido por Alan Siegel, fue noticia a nivel nacional en las décadas de los 70 y 80, cuando Siegel fue invitado a los programas *The MacNeil/Lehrer Report*, *The Today Show*, y *The CBS Evening News*, además de ser entrevistado por *The New York Times*, *The Long Angeles Times*, y habérsele dedicado una doble página en la revista *People*.

HE PROCEEDS THEREOF, AND ANY AND ALL CLAIMS OF THE UNDERSIGNED AGAINST THE BANK, WHETHER NOW OR HEREAFTER EXISTING, AND (b) THE FOLLOWING DESCRIBED PERSONAL PROPERTY (ALL SUCH MONIES, SECURITIES, PROPERTY, PROCEEDS, CLAIMS AND PERSONAL PROPERTY BEING HEREINAFTER COLLECTIVELY CALLED THE "COLLATERAL"): ( ) Motor Vehicle ( ) Boat ( ) Stocks, ( ) Bonds, ( ) Savings, nd/or
SEE CUSTOMER'S COPY OF SECURITY AGREEMENT(S) OR COLLATERAL RECEIPT(S) RELATIVE TO THIS LOAN FOR FULL DESCRIPTION.
IF THIS NOTE IS SECURED BY A MOTOR VEHICLE, BOAT OR AIRCRAFT, PROPERTY INSURANCE ON THE COLLATERAL IS REQUIRED, AND THE BORROWER MAY OBTAIN THE SAME THROUGH A PERSON OF HIS OWN CHOICE.
IF THIS NOTE IS NOT FULLY SECURED BY THE COLLATERAL SPECIFIED ABOVE, AS FURTHER SECURITY FOR THE PAYMENT OF THIS NOTE, THE BANK HAS TAKEN AN ASSIGNMENT OF 10% OF THE UNDERSIGNED BORROWER'S WAGES IN ACCORDANCE WITH THE WAGE ASSIGNMENT ATTACHED TO THIS NOTE.

In the event of default in the payment of this or any other Obligation or the performance or observance of any term or covenant contained herein or in any note or other contract or agreement evidencing or relating to any Obligation or any Collateral on the Borrower's part to be performed or observed; or the undersigned Borrower shall die; or any of the undersigned become insolvent or make an assignment for the benefit of creditors; or a petition shall be filed by or against any of the undersigned under any provision of the Bankruptcy Act; or any money, securities or property of the undersigned now or hereafter on deposit with or in the possession or under the control of the Bank shall be attached or become subject to distraint proceedings or any order or process of any court; or the Bank shall deem itself to be insecure, then and in any such event, the Bank shall have the right (at its option), without demand or notice of any kind, to declare all or any part of the Obligations to be immediately due and payable, whereupon such Obligations shall become and be immediately due and payable, and the Bank shall have the right to exercise all the rights and remedies available to a secured party upon default under the Uniform Commercial Code ...
t the time, and such other rights and remedies as may otherwise be provided by law. Each of the under...
f any proposed sale of, or of the Bank's election to retain, Collateral mailed ...
or such purpose) by first class mail, postage ...
hall be deemed ...

Default I'll be in default:
1. If I don't pay an installment on time; or
2. If any other creditor tries by legal process to take any money of mine in your possession.

You can then demand immediate payment of the balance of this note, minus the part of the **finance charge** which hasn't been earned figured by the rule of 78. You will also have other legal rights, for instance, the right to repossess, sell and apply security to the payments under this note and any other debts I may then owe you.

...witn) in which the Bank and ... respective right to demand trial by jury and, additionally, ... any counterclaim of any nature or description which he may have against the Bank. In ... obtained knowledge of any fact or notice with respect to any matter relating to this note or any Collateral unless ...itten notice mailed, postage prepaid, or personally delivered to the Personal Finance Department of the Bank at its address set forth above. Each of he undersigned, by his signature hereto, hereby waives presentation for payment, demand, notice of non-payment, protest and notice of protest with respect to the ndebtedness evidenced by this note, and each such undersigned hereby agrees that this note shall be deemed to have been made under and shall be construed in ccordance with the laws of the State of New York.
Each of the undersigned hereby authorizes the Bank to date this note as of the day the loan evidenced hereby is made, to correct patent errors herein and, t its option, to cause the signatures of one or more co-makers to be added without notice to any prior obligor.

ECEIPT OF A COPY OF THIS NOTE, APPROPRIATELY FILLED IN, IS HEREBY ACKNOWLEDGED BY THE BORROWER
FULL SIGNATURE   COMPLETE ADDRESSES
IRROWER
FE OR HUSBAND
BORROWER AS
>-MAKER
-MAKER

El proyecto seminal de la simplificación: el contrato crediticio del First National City Bank (hoy Citibank), un documento impenetrable, fue suplantado por otro de fácil lectura, diseñado por Siegel+Gale. La nueva cláusula de mora (Me encuentro en mora si no abono una cuota en término) reemplazó un párrafo de 287 palabras que intentaba especificar cada caso particular de mora.

El formulario de censo a llenar por el público –en lugar de hacer que éste respondiera las preguntas del censista– es otro de los aciertos desarrollados por el equipo de Simplificación de Siegel+Gale a modo de testeo del método para el censo de 1980.

A fines de los 70, durante la administración Carter, Siegel+Gale fue contratado por el IRS para simplificar las instrucciones y formularios destinados al contribuyente individual. El formulario actual (EZ), que ayudó a facilitar la penosa tarea de millones de contribuyentes, es un derivado de aquella experiencia.

La creación de Masterpiece, una póliza exhaustiva que cubre todas las necesidades de clientes de elevado nivel adquisitivo mediante un único documento redactado en lenguaje llano, permitió que Siegel+Gale ayudara a Chubb a construir una voz sonora y un penetrante programa de marketing en el negocio de los siniestros personales. Tanto el producto como la compañía se posicionaron en torno al siguiente tema: "Costamos más, pero lo valemos".

La nueva identidad gráfica creada por Siegel & Gale para Dell en 1992 encarna el incontenible ímpetu de la compañía que revolucionó la industria de las PC al venderle directamente al consumidor.

XEROX

THE
DOCUMENT
COMPANY

El posicionamiento de Xerox a la vanguardia de la gestión documentaria ayudó a que la compañía se desembarazara de una identidad que la limitaba a las fotocopiadoras y forjara un nicho único que abarcaba su capacidad innovadora en el rubro de la impresión y publicación electrónica.

Las guías de *The Wall Street Journal*, ideadas por Alan Siegel y Kenneth Morris, desmistifican y simplifican temas que van desde los impuestos y finanzas personales hasta las inversiones y planes de retiro. Mediante una redacción clara y un diseño de la información de fácil comprensión, estos libros, estos libros se mantuvieron en la lista de best sellers durante una década.

En los últimos ocho años, Siegel+Gale realizó más de 200 proyectos de diseño para las tarjetas de American Express. La Blue Card es la primera tarjeta transparente de Amex, con un ingenioso diseño que incluye un chip electrónico insertado y un holograma azul.

En 1966, Sandoz se fusionó con Ciba-Geigy, su archirival y gigante de la industria farmacéutica cuya casa matriz se encontraba en Suiza. Siegel+Gale idearon el nombre 'Novartis', derivado del latín 'nuevas habilidades', y posicionaron la compañía como "Líder mundial en ciencias de la vida".

El nuevo posicionamiento desarrollado por Siegel+Gale para las Girl Scouts [Niñas exploradoras] contribuyó, mediante sus rasgos innovadores, modernos, y atractivos, a revitalizar y dotar de aire fresco a esta marca icónica.

En el 2000, Siegel+Gale reposicionaron a Dow, borrando su imagen de fabricante de commodities y convirtiéndola en una empresa dedicada a productos de consumo imprescindible.

La Metropolitan Transportation Authority (MTA) opera el sistema de transporte regional más extenso y complejo de los Estados Unidos. Era necesario crear un sistema único de identidad que abarcara a los subterráneos, ómnibuses, trenes de corta distancia, y puentes a fin de facilitar el uso de MetroCard, la tarjeta de pago electrónico que reemplazó a los cospeles, pasajes que servían para utilizar indistintamente uno u otro medio de transporte, y evitó que el pasajero tuviera que contar con el cambio exacto.

Cuando Boise Cascade diversificó su actividad, dejando de ceñirse a la producción de papel, Siegel+Gale aconsejaron que se omitiera la palabra 'Cascade' del nombre, así como el árbol emblemático que representaba a la empresa, que se simplificara su arquitectura de marca, y que se construyeran mensajes para la transmisión del nuevo posicionamiento: Trabajar. Construir. Crear.

El nuevo posicionamiento de Lehman Brothers ("Donde se construye la visión") se basó en la tradición de financiamiento de innovación industrial que caracterizaba a la firma, líder en el campo de las inversiones. Ha servido eficazmente como fuerza unificadora tanto para la marca como para la empresa.

Siegel+Gale trabajaron con el Conservatorio Berklee, la escuela de música más grande e independiente del mundo, para elevar su perfil alrededor de una idea vanguardista: Somos un Conservatorio, pero no conservadores.

En 2004, Siegel+Gale crearon una nueva identidad visual para relanzar la marca Sun Trust después de una serie de fusiones llevadas a cabo en más de 1.500 filiales, la Internet, y comunicaciones relacionadas con eventos y marketing.

THE NEW SCHOOL

THE NEW SCHOOL FOR GENERAL STUDIES

THE NEW SCHOOL FOR SOCIAL RESEARCH

MILANO THE NEW SCHOOL FOR MANAGEMENT AND URBAN POLICY

PARSONS THE NEW SCHOOL FOR DESIGN

EUGENE LANG COLLEGE THE NEW SCHOOL FOR LIBERAL ARTS

MANNES COLLEGE THE NEW SCHOOL FOR MUSIC

THE NEW SCHOOL FOR DRAMA

THE NEW SCHOOL FOR JAZZ AND CONTEMPORARY MUSIC

Siegel+Gale ayudaron a The New School, una universidad poco convencional, ecléctica, y activista de Greenwich Village, a integrar ocho *colleges* independientes bajo una identidad universitaria generalizadora.

Capítulo 7: ¿Qué hay *realmente* en un nombre?

Breve historia de la nomenclatura moderna: a partir del s. XIX, en los Estados Unidos la mayoría de los negocios adoptó el nombre de sus fundadores. En el lapso transcurrido entre la Primera Guerra Mundial y mediados del siglo XX, las empresas trataron de proyectar su 'predominio' en los campos respectivos apelando a nombres descriptivos desplegados horizontalmente sobre sus fábricas (General Motors y demás). Con la llegada de las torres destinadas a oficinas, y en envases pequeños, estos nombres se tornaron ilegibles, dando paso así al esperanto corporativo compuesto por iniciales y siglas. Los mercados globales se vieron inundados por nombres de fantasía sin significado aparente, como Sony y Kodak, por ejemplo. Una innumerable cantidad de nombres fueron engendrados merced a la desregulación de las telecomunicaciones y de otras industrias, a las fusiones y adquisiciones, y a la burbuja tecnológica. En la Internet, el apetito por nombres originales y de moda se mantiene insaciable.[131]

Una de las tareas que mayor cantidad de desafíos presenta a los consultores de marcas es el desarrollo de los nombres corporativos y de los que identifican la marca. Las compañías necesitan nuevos nombres cada vez que se fusionan, se deshacen de alguna de sus partes o productos, consolidan unidades de negocios, y/o crean nuevos productos y servicios. Un número creciente de emprendimientos conjuntos requieren una identidad propia reflejada en la marca. A medida que las empresas se expanden para incorporarse a los mercados globales, deben evaluar constantemente la manera de construir una identidad unificada en la marca que funcione en múltiples idiomas y culturas.

La nomenclatura es una cuestión particularmente compleja por varias razones. Con frecuencia, las personas crean un vínculo emocional con los nombres o con lo que estos representan. Por ejemplo, cuando se produce la fusión de dos empresas, ambas desean conservar su propio nombre de modo de no dar la impresión de que han sido absorbidas por la otra. He aquí la explicación de por qué encontramos tantos nombres compuestos, como Exxon Mobil; lo que Siegel llama "nombres negociados". (Si FedEx y UPS se fusionaran, ¿se llamarían "FedUp"*?) Cuando Citicorp y Travelers se fusionaron, los ejecutivos de la primera impusieron el nombre "Citicorp Group" en vez de buscar otro enteramente nuevo.[132]

Tampoco resulta fácil crear o encontrar nombres que puedan registrarse debidamente y sean propiedad de quien los detenta. Con la proliferación de nuevos negocios, productos, y servicios, los abogados especializados en propiedad intelectual desempeñan un papel crucial en proteger al cliente de demandas judiciales a las que quedarían expuestos si eligieran un nombre que ya ha sido registrado, y deben asimismo advertirle acerca de las incertidumbres que acarrean los conflictos potenciales, que han hecho pasar un mal trago a muchas compañías que no los tomaron en cuenta a tiempo.

---

* Juego de palabras: la expresión 'fed up' significa 'harto', y seguramente sería una elección impensable [N. de la T.]

Significados ocultos

Los encargados de proponer nombres deben prestar extrema atención a los significados ocultos para asegurarse de que un nuevo nombre, que además cuenta con la aprobación del departamento de marketing y de los ejecutivos del cliente no lleve el lastre de asociaciones o significativos negativos, por sutiles que estos sean, especialmente en el traspaso a culturas e idiomas diferentes. El Chevrolet *Nova* constituye un ejemplo notorio, pues para los hispanohablantes la segunda palabra suena a "no va" o "no anda/no funciona". A menudo, los nombres de productos que gozan de popularidad en su lugar de origen no corren buena fortuna. A modo de ejemplo: *Erektus*, una bebida energizante sueca; *Super Piss*, un descongelante de cerraduras finlandés; la barra de chocolate polaco *Fart**; y, por supuesto, *Spotted Dick*†, un esponjoso budín inglés repleto de pasas de uva.[133] Estos productos no se encuentran en el Wal-Mart. Recientemente, un visitante que integra el equipo de nombres de Siegel+Gale escuchó, en la empresa en la que se encontraba ese día, una conversación acerca de los méritos de un determinado nombre que, si bien era perfectamente aceptable en inglés, en coreano podía entenderse como 'soltar gases', y en japonés, algo mucho peor. En la actualidad, los consultores de marcas hacen investigación de mercado respecto del proceso de desarrollo de los nombres, de modo tal que los nombres nuevos satisfagan todos los objetivos estratégicos y comunicacionales a la vez que se detecten los sentidos negativos ocultos.

Los procesos defectuosos empleados por la mayoría de las empresas al momento de gestionar el proyecto complican aún más el desarrollo de los nombres, y tampoco ayudan la

---

* En inglés, el nombre designa, en lenguaje vulgar, una ventosidad intestinal [N. de la T.]
† En inglés, se entendería como un pene manchado [N. de la T.]

incomodidad e incertidumbre que demuestran muchos directivos cuando se trata de evaluar las alternativas. Muchas personas reaccionan visceralmente ante los nombres, y tienden a descartarlos sin más, especialmente si no cuentan con la aprobación inmediata de sus colegas, o cónyuges, u otras relaciones. La proliferación de este tipo de subjetividad, en contraste con un enfoque más disciplinado para evaluar un nombre, agrega tiempo y esfuerzo nada desdeñables a una tarea de por sí nada sencilla.

En parte ciencia, en parte arte

Siegel+Gale se guía por diversas plataformas que hacen a la marca: el objetivo de la compañía, el posicionamiento y la personalidad de la marca, y la dinámica del mercado, sobre todo el tipo de nombre que utiliza la competencia. La firma busca precisión, simplicidad, y funcionalidad, y enfáticamente recomienda que se conserven aquellos nombres que representan ventajas sólidas, en vista de que muchos clientes tienden a buscar nombres nuevos para solucionar problemas inminentes.

Siendo partidario de la simplicidad, Siegel prefiere nombres que sean palabras reales antes que ideas abstractas o términos inventados. Sus favoritas con las que extienden los alcances de otros nombres que la compañía ya poseía, o que se relacionan con su historia. Desafortunadamente, los problemas del registro legal aumentan las dificultades para evitar 'inventar' nombres.[134]

Jeff Lapatine, Director de Grupo y de Arquitectura de Nombres y Marcas, dice que "se trata de encontrar palabras reales que comuniquen con claridad y sirvan para promover buenos negocios". Lapatine ingresó a la firma hace treinta años para simplificar documentos legales, y ha trabajado en más de 500 proyectos de nombres desde entonces. De profesión abogado, y ex editor de Prentice-Hall, fue testigo de la sofisticación por la que atravesó el proceso de la nomenclatura en la búsqueda implacable de palabras de uso cotidiano. Cuando éstas faltan, los neologismos se convierten en una buena opción aunque, señala, estos pseudonombres requieren de mucha publicidad para instalarlos en la conciencia del público.[135]

El desarrollo de un nombre tiene más de arte que de ciencia. El grupo a cargo –entre tres y seis expertos– se reúne a generar ideas, una plataforma estratégica del norte magnético que persiguen. Llevan a cabo entrevistas con los clientes y crean un posicionamiento (por lo general no superior a los tres párrafos) para lo que ha de ser nombrado. Con base en el posicionamiento, se interroga al cliente en busca de grupos o temas relacionados con atributos familiares al objeto/entidad –algo que Siegel+Gale llama "baldes". De un total que oscila entre cinco y siete baldes, se extraen los items que se repiten por lo menos tres veces. La tarea de la creación del nombre comienza con estos temas dominantes, hasta que los nombres se reducen a tres, y luego a uno, que será el candidato finalista a ser presentado para la consideración del cliente.[136]

A medida que el proyecto evoluciona, el equipo realiza sofisticadas búsquedas entre las marcas ya registradas para determinar si el nombre está disponible y puede ser utilizado en los Estados Unidos, América del Norte, o en todo el mundo. Si un nombre está registrado pero no en uso, es posible adquirirlo, o aplicarlo a una compañía o producto perteneciente a un rubro o área geográfica completamente diferente del registro original. Además, como se ha observado con frecuencia, las marcas registradas pueden coexistir con URLs o páginas web hasta que el 'ocupante' de la dirección de Internet venda el activo. El proceso de diligencia debida puede implicar estudios lingüísticos en busca de raíces para derivación de palabras y programas computarizados que generan cientos de alternativas en consonancia con los criterios predeterminados. En el análisis final, los nombres más eficaces y memorables surgen de la imaginación colectiva e inspiración grupal.

Donde todos saben tu nombre

La larga de los nombres que Siegel+Gale introdujeron en el mercado no puede menos que impresionar favorablemente en vista del éxito obtenido en la creación y registro de una variedad tal de nombres para las grandes corporaciones y productos, ya se usaran palabras reales u otras basadas en éstas. He aquí parte de la lista, con la casa matriz entre paréntesis: Amex Blvd. (American Express); Capmark (GMAC Commercial Mortgage); Auro (calcetines GoldToe); Cordiant; Veridian; Novartis; Primedia; Masterpiece (Chubb); MasterCard; Magellan (Nortel); MetroCard (MTA); Olight (productos DuPont); NexPress (Kodak y Heidelberg); y CashStream (Mellon). La firma también desarrolló la "arquitectura de marca" ; es decir, la interrelación que la elección del nombre crea entre los productos/servicios y la casa matriz para empresas que van desde Yahoo y el Grupo Morgan Stanley Dean Witter y United Health hasta Nortel, Stryker, EDS, Motorola, y Boise.

Mientras unas corporaciones engullen a otras y nacen nuevos negocios y servicios, el juego de los nombres se torna más problemático. Un tsunami de nombres nuevos enturbia el mercado. Tanto los empleados como los clientes se encuentran bajo la presión de acceder –olvidemos el acto de comprender– a las compañías, a sus actividades, y a la manera en que encastran las piezas del mosaico que forman. Se gastan millones de dólares para proteger los nombres de productos y servicios en desuso o sin valor de mercado. En opinión de Siegel, la incoherencia en la elección de un nombre subvierte los puntos críticos de contacto de los que depende el negocio; es decir, el contacto con clientes e inversores potenciales, con los medios, etc., impidiendo que las empresas fortalezcan su identidad y posicionamiento.

La política de la elección del nombre

En casi todos los casos en que se comisionó a Siegel+Gale la búsqueda de una identidad y de una marca (recordemos que la firma trabaja para todo tipo de empresas, desde las que lideran el mercado global hasta organizaciones gubernamentales sin fines de lucro), Siegel afirma que "la creación de sistemas inteligentes de arquitectura de marcas es una piedra angular ineludible". La tarea presenta desafíos. "Para ocuparnos de ella, debemos sumergirnos en la cultura de la organización, pasar tiempo con quienes manejan todas las unidades de negocio para enterarnos de lo que hacen y de su visión, así como adentrarnos en el material de investigación disponible a fin de conocer sus nombres y los de sus productos".[137]

"Trabajamos en estrecha relación con los abogados para determinar qué nombres han sido registrados, qué programas operan para proteger las marcas registradas, y los costos asociados a ellos. Dado que el objetivo final consiste en construir un sistema coherente que haga eco en los empleados y otros públicos esenciales, nuestros descubrimientos y recomendaciones inquietarán a muchos miembros de la organización que se resisten al cambio o sienten su estabilidad laboral amenazada".[138]

Siegel recuerda la ocasión en que su firma presentaba la propuesta sobre marca que había elaborado para Larry Bossidy, el severo CEO de AlliedSignal. Bossidy inquirió la razón por la cual los nombres de dos divisiones se asemejaban tanto. Un ejecutivo de Allied respondió que era necesario para que otro ejecutivo pudiera continuar al frente de su unidad de negocios. Dice Siegel: "Esto no le cayó nada bien al Sr. Bossidy, quien nos pidió consolidar ambas unidades en una, dándole un nombre que describiera claramente sus funciones. Desafortunadamente, no son muchos los CEOs que se involucran como el Sr. Bossidy, ni que actúan con tanta decisión. Por lo general, cuando se presentan problemas de este estilo, se pierde mucho tiempo en negociaciones".[139]

Capítulo 8: Sobreviviendo a los ojos verdes

El modelo de la comunicación comercial avanzó desde lo pasivo a lo proactivo y luego a lo interactivo, de los anuncios radiales masivos a los comerciales televisivos emitidos desde el cable para llegar a audiencias seleccionada mediante otros parámetros, y luego a estrategias de marketing dirigidas a un sector del mercado que cumplía con ciertos requerimientos fundamentales para el éxito de la campaña (socioeconómicos, demográficos, etc.) La tecnología informática nos ofrece velocidad, flexibilidad, y alcance, todo lo cual abre a la comunicación caminos jamás soñados. Frente a cambios de semejantes dimensiones, las compañías [...] se percatan de la necesidad de modernizar totalmente sus programas de comunicación o de sucumbir en los remezones del terremoto. [...] Se me ocurre que, cuando uno aparta lo superfluo y va directamente al grano, lo más importante que los medios interactivos ofrecen a las empresas es una nueva manera de hablarle a la gente, junto con la exigencia de que esta nueva manera sea aprendida. La empresa debe descender de la tarima sobre la que se paraban los oradores del antiguo modelo de comunicación unidireccional, mezclarse con el público, y ofrecerle algo extra por el tiempo y la atención que le han dedicado. Como lo dijera un experto, cuando estás conectado "estás en escena, de modo que haz algo...¡rápido!". No suele ser la actitud favorita de la mayoría de las empresas.

—Alan Siegel[140]

Siegel escribió este párrafo en el número del invierno de 1996 de *Identity in a Digital World*, la publicación especial del Design Management Institute [Instituto de la Gestión de Diseño], precisamente un año antes de la expansión de la burbuja informática. La virulencia de la 'embriaguez" del período 1997-2001 provocó efectos similares a los de los narcóticos: las aplicaciones de los programas informáticos convirtieron a la web en el nuevo asesino. Los empresarios, en su mayoría jóvenes y muy brillantes, iniciaron ingentes cantidades de negocios en la Internet, estimulados por la súbita disponibilidad de capital de riesgo, bajos intereses, alzas en los precios d elas acciones, e inversiones especulativas. Con el tráfico de la internet duplicándose cada 100 días, el Departamento de Comercio de los Estados Unidos predijo que los negocios de la Internet alcanzarían los 200 billones de dólares hacia 2002.

Inflando burbujas

Las compañías informáticas, erigidas sobre modelos cuestionables de un nuevo tipo de negocios, fueron a menudo administradas por gerentes inexpertos empeñados en construir una conciencia de marca y en ganar participación en el mercado. Prácticamente regalaron sus productos, con la esperanza de recuperarse en una etapa posterior a través del pago de comisiones. Los nuevos empresarios recaudaron dinero emitiendo acciones en el mercado de valores, y haciendo la fortuna –al menos en los papeles– de quienes las adquirieron rápidamente. Pocos parecieron advertir de que la repentina prosperidad proveniente de la informática no guardaba diferencia alguna con casos precedentes, para lo cual bastaba fijarse en la prosperidad experimentada por los ferrocarriles en la década de 1840. Al igual que ocurrió con las súbitas explosiones tanto de antaño como del pasado reciente, los especuladores sobrevaloraron estas empresas hasta que la burbuja estalló, hundiendo los precios de las acciones y arrojando a muchas de las compañías a la basura.[141]

Entre enero y agosto de 2001, Siegel+Gale se montaron a la montaña rusa digital, echando por la borda un plan de negocios probado y exitoso, a la vez que arriesgaron su duramente ganada reputación como insuperables constructores de marcas. Ahora la firma aspiraba a convertirse en una compañía de Internet, con todo lo que ello implicaba. Los gerentes asociados no constituían un grupo de presuntuosos ávidos de apoderarse de lo que fuese, sino que abrigaban propósitos sinceros de marcar rumbo en el negocio digital. El resultado fue que Siegel+Gale experimentó cuantiosas pérdidas que los dejó al borde de la disolución. Es una historia repetida en aquella época en la que bullía la ambición desenfrenada y la exuberancia irracional, pero que merece la pena recordarse por las lecciones prácticas que nos enseñó.

Historia retrospectiva

Comencemos haciendo un poco de historia. En 1985, la trayectoria de Siegel+Gale respecto de su firme crecimiento como empresa privada dedicada a la identidad corporativa sufrió una alteración inesperada. Martin Sorrell, CEO de Saatchi & Saatchi plc, compañía publicitaria radicada en Londres, se puso en contacto con Siegel+Gale para conversar sobre la posibilidad de incorporarla a su cartera de empresas. Bajo las directivas de Maurice y Charles Saatchi, los dos ambiciosos hermanos que la conducían, la agencia se encontraba en posición de ofrecer condiciones de adquisición sumamente atractivas, dejando la gerencia en sus manos y prometiendo, por sobre el precio de compra, ganancias adicionales hasta diez veces mayores, aprovechando las ventajas de las normas contables aplicadas en el Reino Unido.

Siegel se sentía intrigado por las irreverentes campañas publicitarias que los Saatchi ideaban para Europa, entre las que se destacaba la campaña política de Margaret Thatcher, y le pareció que una alianza con ellos podría poner en marcha la expansión global de su firma. En su razonamiento teórico, la colaboración con un conjunto de empresas globales de primera línea se prestaría a consolidar relaciones de largo plazo y a asegurar el financiamiento necesario para fortalecer el negocio de la Simplificación.

Luego de un 'galanteo' de seis meses, Siegel consintió en vender su firma al emporio Saatchi de las comunicaciones de marketing, el cual, en su momento de apogeo, poseía 150 oficinas en 92 países, totalizando más de cinco mil empleados. Siegel declaró que "en la comunidad del marketing y la publicidad, muchos se sorprendieron de que una empresa de esas características adquiriese una firma dedicada a la identidad corporativa". Si bien al principio Siegel encontraba emocionante pasar a integrar una compañía de alto perfil que se manejaba desde la superpoblada Londres, pronto descubrió que, desde la perspectiva del gestionamiento, los Saatchi se encontraban en una peligrosa situación que se les escapaba de las manos. Escaseaba el talento ejecutivo, y carecían de talento organizativo y de objetivos concretos.

Según Siegel, "resultó ser un mero juego financiero. Durante el período en que nos tuvieron, los Saatchi fueron de crisis en crisis, hasta que en 1996 se dividieron en dos compañías". Al año siguiente, Siegel negoció la compra de su parte con un tercero que proporcionó el capital para financiar la transacción.[142]

Razones atendibles

Mucho antes de que finalizara la alianza con Saatchi, y por razones atendibles, Siegel venía pensando en hacer una gran entrada al mundo de los negocios informáticos. Hace ya tiempo que su firma encabeza la lista de las que adaptan las nuevas tecnologías al diseño y la comunicación corporativa. Su empresa fue pionera en el uso de las impresoras láser de alta velocidad para la confección de formularios y declaraciones a la medida de las necesidades del cliente. En 1984 diseñó, para el Grupo Chubb, el primer paquete de seguros impreso electrónicamente, lo cual llevó a los expertos en simplificación de Siegel+Gale a remodelar documentos mediante la interactividad en los modos de publicación.

Siegel recuerda que "en 1979, cuando nos hallábamos abocados a la creación de instrucciones y formularios simplificados para el IRS, nuestros diseñadores produjeron diseños a mano, en lápiz. Estos talentosos graduados de la Facultad de Diseño de Yale se quedaban a trabajar noches enteras para producir conceptos manualmente". Mientras tanto, los equipos de proyectos de la firma compilaban manuales sobre identidad, inmensas carpetas anilladas que contenían hasta un máximo de doce secciones en las que se describían, con todo detalle gráfico, las pautas de producción de productos que iban desde papelería y folletería hasta marcas e identificación de camiones de transporte.

Como los medios digitales ofrecían una oportunidad realista de intercambiar el trabajo manual por las computadoras, Siegel+Gale alentaron a sus empleados a experimentar con el nuevo software y hardware para mejorar la capacidad de la firma. Dice Siegel: "Dimos a nuestros empleados las computadoras más modernas para que experimentaran con ellas en sus ratos libres, y aparecieron con algunos programas extraordinarios que mejoraron sustancialmente nuestras nuevas presentaciones, permitiéndonos también reemplazar los incómodos manuales sobre identidad por sistemas dinámicos de diseño electrónico".[143]

Con el propósito de ayudar a que los gerentes de comunicación corporativa y diseño aprovecharan eficientemente los formatos y los estándares gráficos que la firma creó para ellos, Siegel+Gale reunió un equipo interdisciplinario compuesto por programadores, diseñadores, y simplificadores, a las órdenes de Scott Lerman y Tim Leonard, encargados de desarrollar el Electronic Designer Director®. Esta aplicación de software literalmente "dirige" la elaboración de nuevos diseños, seleccionando automáticamente los formatos adecuados y respondiendo interactivamente preguntas acerca de pautas de diseño. Se trata de un recurso muy flexible y receptivo a los fines del entrenamiento, pues proporciona, tanto a principiantes como a expertos, la información que cada nivel necesita. EDD puede ser utilizado como un manual electrónico, ahorrando una gran cantidad de papel, pero también puede retocarse para servir como manual de correspondencia o de folletería para marketing y otros propósitos, aplicando todos los logos, plantillas, y directrices aprobados institucionalmente, algo que no es posible conseguir que hagan los programas estándar. Además, EDD envía documentos electrónicos a impresoras internas o externas, y puede transferir archivos a otros sitios. En el campo de la tecnología de las comunicaciones, este software resultó pionero por su ahorro en tiempo y costos.[144]

La explosión de la Internet, como se la llama vulgarmente, y la comercialización de la Web a mediados de los 90, permitió que Siegel+Gale ampliara el alcance de sus programas de *branding*. Asimismo proporcionó una ventaja que contribuyó a que los grupos de Simplificación diseñaran interfaces y contenidos accesibles, y expandió los negocios de la firma en dirección a las empresas de servicios que planeaban compañías con base en la Internet. Siegel+Gale contrató a Steve Dolbow, un experimentado ejecutivo de IBM, para conducir el entrenamiento, y esto, a su vez, atrajo a la firma a jóvenes apasionados por el tema.

Divorcio por mutuo acuerdo

Siegel cuenta que "precisamente cuando estábamos generando muchísimos negocios aptos para los métodos digitales, nuestra entonces casa matriz, Saatchi & Saatchi, se dividió en dos compañías: una desmantelada, y otra nueva a la que dimos el nombre de Cordiant". Saatchi llegó a la conclusión de que Siegel+Gale ya no le era de utilidad como parte integral de su negocio de publicidad global, de modo que revendió Siegel+Gale a sus ejecutivos originales y a Vestar Capital Partners, una firma neoyorquina de inversiones especializada en compras de empresas por su equipo gerencial por la suma de 33.8 millones de dólares en efectivo. La enajenación, llevada a cabo en 1998, puso fin a los trece años durante los cuales Siegel+Gale había sido propiedad de Saatchi, pero ofreció a Siegel la perspectiva de una renovada independencia o, por lo menos, de un mejor acuerdo con otra compañía. Siegel declaró: "La independencia nos traerá la flexibilidad y rapidez necesarias para responder agresivamente a las nuevas oportunidades del mercado interno y externo".[145]

Pensándolo bien, Siegel experimenta sentimientos ambivalentes acerca de la 'era Saatchi'. En realidad, la asociación con ellos contribuyó a la expansión global de Siegel+Gale. La firma abrió una oficina en Londres y entró en red con empresas de diseño afiliadas a Saatchi en los grandes mercados. A través de estas colaboraciones, Siegel+Gale entró en contacto con British Petroleum, US Steel (cuyo nombre Siegel+Gale cambió por USX), y Celanese, para la cual se creó una fusión de identidad bajo la denominación Hoechst Celanese. La firma también adquirió otra empresa de diseño –Jim Cross Design– muy respetada, con oficinas en Los Angeles y San Francisco.

Sin embargo, Saatchi nunca logró facilitar alianzas de marketing eficaces entre sus integrantes, ni construir una cultura compartida, proporcionar entrenamiento ni alcanzar sus objetivos financieros. Ponía el énfasis en sostener el precio de sus acciones para financiar su agresivo programa de adquisiciones. En el interín, según Siegel, su firma consultora crecía y "generaba atractivos márgenes de ganancia y realizaba interesantes trabajos con medios digitales y la Internet. Hay que decir a favor de Saatchi que nunca interfirió con la actividad cotidiana de Siegel+Gale".[146]

Los ojos verdes

Con total franqueza, Siegel afirma que al separarse de Saatchi "vimos la oportunidad de oro, porque las empresas de servicios de Internet empezaban a cotizar en bolsa a valores impresionantes. El equipo de gerenciamiento de Siegel+Gale se sentía excitado ante la perspectiva de hacer dinero en grande mediante la puesta a la venta inicial de acciones en bolsa [IPO] o una venta a una de las compañías de Internet que cotizaban en el mercado de valores". Durante un corto tiempo, la recompra apalancada de Siegel+Gale que la separó de Saatchi convirtió a la firma en la mayor consultora independiente de identidad corporativa. Además, la revista *Internet Computing*, publicada por el Instituto de Ingenieros Electricistas y Electrónicos, la clasificó entre las veinte principales consultoras de medios interactivos del mundo.[147]

Podría decirse que, de la mañana a la noche, se produjo una transformación del foco, naturaleza, y valores de Siegel+Gale. Siegel lo llama "el período de los ojos verdes". "El consultor de gestión estratégica que contratamos pensó que no nos quedaba otra alternativa que poner todos nuestros recursos al servicio del crecimiento del negocio de la Internet si, como decía, 'queríamos crear una verdadera fortuna para los ejecutivos'".

La primera vez que Siegel se refirió en público a este asombroso giro de la suerte, su sinceridad fue cautivadora: "Pasamos de ser una compañía que proporcionaba programas de identidad de marca corporativa de alto nivel a ejecutivos de alto rango empleados por compañías globales a ser una empresa que saltaba a través de aros para obtener contratos de empresarios de la Internet financiados por capital semilla para crear nuevas compañías, productos, y servicios que iban a 'revolucionar' la industria y generar millones en rentas".[148]

Dadas las credenciales de Siegel+Gale —una historia de treinta años durante los cuales habían construido identidades de marcas icónicas, un grupo veterano en Simplificación adepto a crear contenidos e interfaces comprensibles, y diseñadores gráficos y productores de video de calidad internacional— su lista de clientes aumentó velozmente. Siegel+Gale comerció agresivamente su capacidad en atractivas publicaciones de Internet y en el *Wall Street Journal*; patrocinó el programa "All Things Considered" de la NPR y, juntamente con Tom Peters, renombrado consultor de gestión y con IDEO, una empresa que propugna la innovación a través del diseño, compartió el patrocinio de un simposio sobre *branding* y la Internet realizado en San Francisco.

En el simposio de IDEO de 1999, Peters alabó el arte de la simplificación tal como lo practicaba Siegel+Gale, "[tomando] algo tan confuso y falto de información como el resumen de cuenta de una tarjeta de crédito y [convirtiéndolo] en una comunicación de fácil lectura y comprensión, y buen servicio de atención al cliente. Esto reposiciona al banco emisor como el tipo de institución que verdaderamente presta un servicio". La exposición en los medios generó muchos nuevos negocios para Siegel+Gale.[149]

(Irónicamente, fue Tom Peters, en su best seller internacional titulado *In Search of Excellence* [1982], quien dedicó todo un capítulo a aconsejar a los gerentes "zapatero a tus zapatos –quédate con el negocio que conoces mejor"– una advertencia a la que ni Siegel+Gale ni muchos otros aspirantes a la Internet prestaron atención).

Reina la participación en el mercado

En aquellos tumultuosos días de los negocios informáticos, lo único que verdaderamente importaba era generar ingresos. Siegel recuerda que la tónica de la época era: "No se preocupen por la sobreexposición financiera que implica contratar equipos antes de conocer el monto de los ingresos, ni por pagar salarios excesivos a personas con poca experiencia; sólo dedíquense a hacer espacio en la oficina para acomodar los ingresos esperados". Se invertían cientos de horas tratando de impresionar a los banqueros inversores y a los clientes potenciales en lugar de ocuparse de brindar un buen servicio al cliente y de conservar los márgenes de rentabilidad.

Todavía atónito a pesar de los años transcurridos, Siegel dice que "no salía de su asombro al ver que los genios de las finanzas empleados por los bancos de inversiones, las empresas de compra apalancada, e inclusive los bancos comerciales se sintieran fascinados por el crecimiento del ingreso, dando por descontados los márgenes, la rentabilidad, el ingreso en función de cada empleado, y la inmanencia de las relaciones con los clientes". Aparentemente, la crítica que se le hacía era que la firma no tenía 'propiedad intelectual' en el campo de la informática. Créase a no, a nadie impresionaba el incremento superior al 75% anual en sus ingresos.[150]

Sin embargo, había pequeñas cosas positivas. Mientras duró el auge de la Internet, Siegel+Gale trabajó con cientos de clientes, nuevos negocios que abarcaban un amplio espectro, desde los servicios de citas a los remates, los servicios inmobiliarios, y los catálogos. La firma también ayudó a que muchos de sus clientes de larga data, como American

Express y Ernest & Young, introdujeran sus marcas online. De los sitios web hechos por Siegel+Gale en ese entonces, sólo quedan unos pocos: Jiffy Lube, el College Board, el Graduate Testing Center y The Weather Channel.

Sobrevivientes

A consecuencia de la pinchadura de la burbuja de las dot. com, Siegel+Gale se encontró ante una crisis: los ingresos se agotaron, y la firma no podía reducir sus recursos humanos a la velocidad necesaria. La firma de compra apalancada, que había inyectado más capital en la empresa a cambio de que los gerentes fueran dueños de una gran parte, entró en conflicto con el banco de Gale & Siegel, que rápidamente le canceló su línea de crédito. Siegel comenta: "En medio de todo aquello, mantuve a los gerentes de mayor categoría en sus puestos. Apoyaron a la compañía, hasta que finalmente la vendimos a Omnicom, la empresa de marketing más grande y rentable del mundo".[151]

A expensas de capital desperdiciado y esperanzas de menor envergadura, para entonces reducidas a la escala de expectativas realistas, los 'ojos verdes' enseñaron lecciones duras. Siegel admite que debería haber detenido las operaciones cuando los expertos en inversiones 'se descontrolaron'. Sus advertencias son sensatas: "Es necesario cuidarse de la arrogancia, la codicia, y la tontería, y cuidarse de los falsos planes de negocios". Afirma que la prudencia fiscal es esencial, mientras enumera una serie de consejos preventivos: "No hay que incrementar los gastos fijos en la seguridad de que aumentarán los ingresos. Hay que mantener la estructura de capital de acuerdo con el crecimiento. En el negocio de los servicios, es preferible estar escaso de personal."[152]

En términos psicológicos, el presente se encuentra a años luz de la burbuja informática. Siegel, escarmentado y más sabio, ahora va tras las promesas de la "tecnología relacional" con mayor mesura, pero no con menos creatividad. "Salimos del pozo y hemos recuperado la prosperidad, pero no sin la inquebrantable lealtad de nuestro personal jerárquico, la atención obsesiva de honrar a la gerencia y a las prácticas comerciales consagradas, y a la casualidad de haber sido adquiridos por Omnicom, que reconoció el potencial futuro de nuestra firma".[153]

David Srere, Codirector Gerente de Siegel+Gale en la sede neoyorquina, la que genera la mayor parte de los negocios de la empresa, reflexiona sobre las ventajas residuales de aquel período aciago: "Creo que es el haber retornado a lo que hacemos. Somos una firma de *branding* estratégico, no una compañía de Internet. El haber sobrevivido a aquello es, sin duda, una gran cosa". Al preguntársele si es malo haber perdido la independencia, Srere responde: "Depende del día en que lo preguntes".[154]

Capítulo 9: La voz en la marca

Usé por primera vez el término "Voz Corporativa" cuando trabajaba con 3M. Con el correr del tiempo, lo transformé en Voz de la Marca. En la década de los 80 comencé a decir que nuestro 'producto' [los resultados del trabajo que realizaban los consultores] era la Voz de una marca. Bajo ese paraguas se cobijaban las promesas de la marca, su identidad, los mensajes más importantes, etc.; todos los elementos del branding tal como los conocemos hoy. A medida que la palabra 'branding' se fue popularizando, el negocio de la identidad corporativa se convirtió en el negocio del branding. Somos prácticamente la única firma que todavía habla constantemente de identidad.

—Alan Siegel[155]

Los partidarios del branding no se sienten cómodos con las definiciones de 'marca' que ofrecen los diccionarios. Que la palabra se constriña a sus raíces etimológicas los irrita. En el siglo XVI, 'marcar' significaba imprimir una marca con un hierro candente sobre algo, que tanto podía ser un criminal o un toro, entre muchas otras cosas.*[156] Como el inglés es un idioma dinámico y versátil, no resulta extraño que las 'marcas' pasaran a ser 'marcas registradas' impresas sobre toneles de vino, licores, maderas, metales, y prácticamente toda otra mercancía a excepción de los textiles (por buenas razones: eran inflamables). Con los siglos, 'marca' llegó a identificar la calidad o singularidad del objeto. En el siglo

---

* Irónicamente, Samuel A. Maverick, antecesor dieciochesco de Maury Maverick (el inventor de gobbledygook), y tejano como él, decidió no marcar sus terneros, que se mezclaron con ganado marcado en campo abierto. Su acción caprichosa sobrevive en el término 'maverick' [inconformista].

XIX, la llegada de bienes envasados de producción masiva introdujo el concepto de 'brand name'*, aplicado a productos y líneas de producción bajo la protección de la ley de marcas y patentes. (Sin embargo, la expresión 'brand new'†, data de hace quinientos años, derivada de 'brent new', o 'recién salido del horno'. Shakespeare prefería decir 'fire-new'‡)[157]

Scott Bedbury, un exitoso creador de marcas y genio de la publicidad durante sus años en Nike y también ex vicepresidente senior de marketing en Starbucks opina que la marca es una "esencia fundamental", un ideal platónico, una suerte de entidad neutral, ni buena ni mala. El siguiente extracto fue tomado de *A New Brand World*, su último libro.

> *Una marca es la suma de lo bueno, lo malo, lo feo, y lo que quedó fuera de la estrategia. Se define por el mejor producto del fabricante, pero también por el peor; por una publicidad que se ha hecho acreedora a un premio, pero también por los anuncios horripilantes que, nadie sabe como, se deslizaron por entre las grietas, fueron aprobados, y se hundieron en el olvido, lo cual no resulta sorprendente. Se define por los logros del mejor empleado del fabricante, pero también por los desastres del peor, ése que nunca debió ser contratado. También se define por el/la recepcionista y por la música que escuchan los clientes cuando se los hace esperar en el teléfono.*[158]

En la formulación de Bedbury, la marca tiene tanto que ver con la conducta corporativa y la interacción con el cliente como con la calidad del producto que se fabrica. Le

---

* El español no hace diferencia entre 'brand' y 'brand name' para estos casos: ambos son 'marcas'. Por el contrario, 'brand name' pasa a tener significado propio mientras no se hayan finiquitado los requisitos legales correspondientes. Entonces el español diría: 'marca en trámite de registro' [N. de la T.]
† En español, 'flamante' [N. de la T.]
‡ Literalmente, o casi, [recién salido del] 'fuego' [N. de la T.]

asombran las semejanzas entre lo que define a una persona y lo que define a una marca, lo cual no difiere mucho del modelo planteado por Siegel hace una década. Bedbury explica que las marcas "no son objetos físicos que se pueden tomar con la mano, colocar sobre los pies, o ser medidos con precisión con base en una escala. Dichas características son aplicables a los productos en sí [...] Las marcas son conceptos vivientes que retenemos en la mente durante muchos años. Todo lo que se introduce en ellas es a la vez lógico e irracional".[159]

Guerras de marcas

Siegel cuestiona el mal uso generalizado del término: "Desde mi punto de vista, la marca está asociada al producto, y una corporación es más que un producto. Tenemos la máquina Xerox, una marca. Y sin embargo Xerox es un empleador, miembro de una comunidad; mucho más que una marca. El mayor componente de Xerox es su identidad— quién es, qué representa, y por qué yo habría de hacer negocios con ellos. La gente observa a las empresas para ver si poseen responsabilidad social, si son un buen lugar donde trabajar, una buena inversión. En mi opinión, el uso de la palabra 'marca' para designar a una compañía es inapropiado. "Identidad" es un término mejor".[160]

¿Se trata de una herejía en boca de un destacado diseñador de marcas? No del todo, aunque tal franqueza es característica de Siegel, cuyos pronunciamientos, aunque suavizados, podrían causar irritación si uno "lo comprendiera demasiado de prisa", parafraseando a André Gide. Siegel afirma que "si lo que se vende es pasta dentífrica o alcohol —productos clasificados como commodities— cuyas diferencias son mínimas, probablemente sea correcto emplear el término 'marca', pues lo que se intenta es 'descomoditizar' el producto. Sin embargo, un producto no puede, por sí solo, presentarse como emblemático de todos los atributos de una compañía".[161] A la inversa, la ausencia de marcas corporativas genéricas –no existen las "compañías con etiquetas privadas", a menos que sean trucos, como las 'sociedades de paja' [dummy corporations]– sugiere que todas las empresas poseen algún tipo de cultura, fuerte o débil; da igual.

Aunque la expresión 'Voz Corporativa' es creación exclusiva de Siegel+Gale, se ha convertido en parte integral de la terminología del *branding*. Por otra parte, la jerga de las marcas hizo metástasis en el kudzu de la consultoría de identidad corporativa, esparciéndose por doquier y cubriéndolo todo. (La revista *FastCompany* diagnosticó esta dolencia bajo el nombre de "Desorden Obsesivo del Branding", declarando que "el branding es la industria de autoayuda de las corporaciones estadounidenses").[162]

¿Es posible otorgar una marca a una organización mediante la sencilla operación de coser un logo a unas gorras de béisbol y distribuirlas profusamente? Las celebridades del mundo del deporte y del espectáculo reciben asesoramiento en técnicas de "branding personal" –o "manejo personal"– y marketing para que se hable de ellos. Deliberadamente visten y hablan de determinada manera, acuden estratégicamente a determinados eventos, y apoyan causas que se adecuan a la imagen que desean proyectar. ¿Es esto marca o simple 'bombo'?

En opinión de Siegel, "el mercado pasó de la identidad al branding, y lo que los clientes compraban era branding, no identidad. Creo que el asunto es confuso; un desastre. Branding es la palabra peor usada y comprendida, y aquella de la que más se abusa. Yo personalmente empecé a hablar más de voz e identidad que de branding; me doy cuenta de que paso la mitad del tiempo definiendo los términos, explicando qué es branding y qué valor tiene, inclusive cuando llegan clientes a quienes no hay necesidad de convencer, pues ya traen el encargo de una marca bajo el brazo".[163]

Antes que emprenderla contra la 'marcamanía' que devora a las compañías estadounidenses, Siegel prefiere comunicar sus prácticas mediante un lenguaje compartido y comprendido –aunque sea de manera imperfecta– por consultores y clientes. Y para bien o para mal, el branding se ha posicionado como ese lenguaje. Patricia Deneroff, Consultora y Directora de Grupo en Siegel+Gale, asume una postura similar respecto del uso permisivo que se hace del término. Deneroff distingue entre la Voz Corporativa del pasado reciente y la Voz de la Marca tal como se la emplea hoy: " 'Voz' es un término magnífico para resumir una creencia, una vez que se ha identificado la estrategia de la marca y se han tomado los recaudos para asegurarse de que se encuentra presente en todo lo que una empresa hace y dice. Se articula la estrategia de la marca, o su promesa, y la Voz se convierte en su expresión. Para mí, ésa es la definición de una marca corporativa".[164]

$E=mc^2$

Srere, el Codirector Gerente de la oficina de Nueva York, es tajante respecto de su concepción de 'marca' y 'voz'. Afirma que no existe diferencia alguna entre Voz Corporativa y Voz de la Marca, y agrega: "Las diferencias que hacemos para 'uso interno' son demasiado sutiles para el público. Se trata de la voz de una organización. La ventaja competitiva de Siegel+Gale es que nosotros simplificamos, mientras que otros emplean fórmulas estándar. No aspiramos a convertirnos en una empresa de branding grande y estúpida. Nuestra idea del negocio es construir grandes marcas maestras a nivel global. El valor base de nuestra filosofía es la simplicidad. Simple es sinónimo de inteligente. Nuestra producción es clara, fresca, estimulante, y útil".

Los criterios en los que se basa Srere para aceptar nuevos clientes son muy sencillos. Él los explica así: "Nos preguntamos si vamos a ganar dinero con el proyecto, si va a realzar la importancia de nuestra cartera, si nuestra gente lo va a disfrutar. Es raro que se den las tres condiciones; se pretenden dos o tres". Fiel a la elegancia de la simplicidad, Srere usa la famosa ecuación de Einstein para la equivalencia entre masa y energía como metáfora del enfoque del branding propio de Siegel+Gale: "$E=mc^2$ es único. El $E=mc^2$ de Siegel+Gale son las marcas claras, frescas, francas, y estimulantes".[165]

La voz interior

Para Deneroff, la Voz tiene "una importancia mucho más contundente" que la mera comunicación. "No se trata sólo de la manera en que se produce la comunicación sino también de las conductas, y todo ello se imbrica en la implementación de los valores. La Voz está en juego en todo momento, desde la forma en que se atiende el teléfono hasta el aspecto que presenta una comunicación a difundir. El posicionamiento surge como resultado de un análisis que realizamos para articular la esencia la marca, aquello que la convierte en algo especial. El proceso que conduce a la definición de una marca no es en modo alguno producto del azar".[166]

Al comparar el modo en que Siegel+Gale y –por ejemplo– las agencias de publicidad enfocan el tratamiento de las marcas, Deneroff comenta: "Las agencias orientan sus análisis más hacia lo externo, hacia las tendencias del mercado y lo que los compradores o futuros compradores desearían. Nosotros nos concentramos mucho más en lo 'basal', en el verdadero sentido de lo que constituye la identidad de la compañía o institución. Comenzamos desde las profundidades, con un proceso de descubrimiento interno, porque creemos que la verdad de una empresa reside en su interior".

Esto explica por qué Siegel+Gale, una consultora cuyo proceso de *branding* es exclusivamente suyo, pasa tanto tiempo examinando una empresa o institución: porque el núcleo de la idea que sirve a la construcción de la marca se encuentra precisamente allí.

"Luego miramos hacia fuera y observamos las tendencias del mercado, las preferencias de un sector en particular, y otros factores; por ejemplo, qué hacen otras empresas del mismo rubro", agrega Deneroff. Desde su punto de vista, la zona de oportunidad "es la superposición de los puntos fuertes característicos del cliente con las necesidades del mundo exterior, *lo cual define la expresión de la promesa de la marca* [esto dicho con énfasis]. En la actualidad, muchas consultoras dicen aspirar a "una noción más científica", y hablan de la valoración de la marca, la marcometría, y la valoración del stock. En nuestro caso, prefiero una definición más sencilla: ¿cuál es el valor exclusivamente propio de una organización? La marca. A Alan no le gusta el término *branding* porque otros se lo han apropiado y lo emplean de modo impreciso y minimizador."[167]

Siegel gusta decir que no fue él quien arrojó "la identidad de marca" sobre nadie, sino que el mercado se la lanzó a él.[168]. Respondiendo a las necesidades del mercado respecto de un lenguaje vernáculo respecto del *branding* sin comprometer su patrimonio, resumido en "Simple es inteligente", Siegel+Gale refinó la Voz Corporativa hasta convertirla en la Voz de la Marca, reforzando el concepto con una claridad de análisis y de expresión que atraviesa el abarrotamiento de los medios, elevándose por sobre el barullo. Los miembros de la firma creen que, en el fondo, Siegel+Gale es La Compañía de la Simplificación en todo menos el nombre.

En verdad, la nueva literatura producida por Siegel+Gale acerca de las habilidades en juego se parece un tanto a la película *Back to the Future*. La firma reduce sus tareas a *Simplificar, Amplificar, y Ejemplificar*. La simplificación se refiere a compenetrarse de la esencia de una empresa y de lo que ésta representa. O, como dice Deneroff, "¿cómo ayudamos a las empresas a comprender, del modo más sencillo posible, de qué manera agregar valor? Esto es lo que distingue a Siegel+Gale: la tradición de la Simplificación. Ya sea que la Simplificación constituya una práctica particular, o un *ethos*, o una metodología, no es utilizada por otras firmas de *branding*".[169] La Amplificación es el proceso de comunicación: es decir, hacer que la palabra se difunda. En palabras de Srere, "ejemplificar es recorrer el camino; vivir la marca. La marca ya no puede quedar confinada al departamento de marketing, pues [allí] no se conseguirá nada. El alineamiento entre la conducta y el proceso requiere coraje. Debería evaluarse a los empleados según lo que contribuyen a la marca, y deberían ser contratados con miras a darle vida. Si lo logran, debería ofrecérseles incentivos por ello".[170]

Los principios y las disciplinas del *branding*

El credo de la consultora, aunque flexible y visionario, se mantiene sólido y firme, tal como se evidencia en las respuestas que propone a las propuestas que recibe para encargarse del *branding*. Después de treinta y cinco años, Siegel+Gale continúa guiándose por tres principios rectores:

> *Nuestro compromiso reside en el uso de* **la simplicidad de avanzada** *para crear marcas claras, coherentes, y atractivas.*

> El verdadero valor de una marca reside en su capacidad para cerrar la brecha que media entre la promesa y su cumplimiento.

> *Las soluciones de marca deben responder a* **las necesidades prácticas de los negocios** *en que están involucrados nuestros clientes.*

La "simplicidad de avanzada" implica llegar al corazón, a la *verdad distintiva* de una empresa. El análisis y las consiguientes recomendaciones son guiados por los hechos, no por la fantasía o las ilusiones. Prácticamente todas las marcas se apoyan en una narrativa, en una historia que es necesario descubrir y relatar mediante tropos creíbles y lenguaje llano. (Cuando se le pregunta acerca del futuro de la medición en términos de la eficiencia de la marca, Srere responde: "Nos dedicamos al negocio del relato; somos la unión entre el arte y la ciencia. Cuando el *branding* se realiza correctamente, es uno de los factores que hacen subir los precios de las acciones")[171]

En el informe que Siegel+Gale entrega a sus clientes, la firma declara que desea crear "marcas que comprendan y transmitan los deseos del cliente con precisión matemática, a la vez que ofrecer, en todos los casos, soluciones infalibles". Por supuesto, Siegel+Gale no puede alcanzar estándares tan elevados por sí solo. Lo que hace es elevar las expectativas para ayudar a que los *clientes* transciendan sus aspiraciones para marcar una diferencia significativa a favor de sus compradores, empleados, y propietarios.

"La brecha que media entre la promesa y su cumplimiento" evoca los versos memorables de T.S. Eliot en su poema The Hollow Men: *Between the idea/And the reality/ Between the motion/And the act/Falls the Shadow*[*172]. Eliot describió la brecha entre la imaginación y la realidad como un abismo de muy difícil pasaje. La "sombra" –ya se trate de inercia o de falta de claridad– debe ser vencida. El estrechar las distancias lleva a la creación de marcas exitosas.

"Responder a las necesidades prácticas de los negocios" indica que las recomendaciones que se hagan serán realistas

---

* T. S. Eliot, *Los hombres huecos: Entre la idea/y la realidad/Entre el movimimiento/Y la acción/Cae la Sombra* [N. de la T.]

y factibles, que ayudarán a los clientes a lograr sus objetivos, y que serán rentables. Esto se desprende de la primera materia que se cursa en la carrera de negocios.

En términos generales, Siegel+Gale ofrece servicios sencillos, transparentes, claros, y agrupados de acuerdo con principios lógicos. (Cuando no hace mucho se le pidió a Irene Etzkorn, la simplificadora de lenguaje con mayor experiencia en la firma, "el glosario de *branding*" de Siegel+Gale, respondió que no existía tal objeto, puesto que "es preferible que la terminología sea clara para todos").

Se enumera a continuación un listado de los servicios ofrecidos por Siegel+Gale en la actualidad, tomados del sitio web de la firma:[173]

Servicios de Identidad de la Marca; es decir, estrategia de marcas, selección del nombre, y sistemas de identidad visual. Este último consiste en una descripción más precisa de los elementos gráficos que solían constituir lo que antes se denominaba Identidad Corporativa.

Servicios de Comunicación, cuyo amplio rango cubre la redacción y otros servicios editoriales e incluye la creación de folletería y otros materiales para repartir, el diseño gráfico, la publicidad y los envases, presentaciones de nuevos productos y servicios, y películas corporativas.

Alineamiento de Marca, que cierra la brecha entre la promesa y el desempeño mediante programas de entrenamiento para los empleados y estudios actitudinales.

Simplificación, que involucra proyectos redactados en lenguaje llano, diseño de información y documentos, planos de simplificación (material instructivo), y estrategias de distribución.

Investigación de Marcas, que reúne datos concretos/datos duros para el desarrollo de nombres, capital de la marca (la valoración total de la marca, compuesta por factores tales como la lealtad y la satisfacción del cliente, la calidad de los productos y servicios, y activos financieros y no financieros), la segmentación del público, e investigaciones realizadas entre los consumidores y la interacción entre negocios a través de grupos focales. La firma asimismo evalúa los sistemas de identidad visual y lleva a cabo estudios comparativos (*benchmarking*) y de rastreo (*tracking*).

Medios Interactivos, introducidos como práctica corriente de la compañía mucho antes de la difusión de la Internet. Crean sitios web, intra y extranets, kioscos interactivos, diversas herramientas de entrenamiento, y aplicaciones inalámbricas.

Marcas de avanzada

El proceso empleado por Siegel+Gale para localizar y expresar las cualidades únicas de las marcas de sus clientes evolucionó de manera orgánica. La Estrategia de la Marca se desarrolla metódicamente por medio de cuatro pasos: *Descubrimiento, Definición, Dramatización,* y *Medición* de la estrategia.

En primer término, Siegel+Gale audita las comunicaciones del cliente y las compara con las de la competencia, realiza entrevistas, estudios comparativos (*benchmarking*) e investigaciones sobre el capital de la marca a fin de *descubrir* lo más posible acerca de las estrategias que se están poniendo en práctica, y luego somete un resumen de lo averiguado ante los directivos. Luego, valiéndose de la investigación, *define* el posicionamiento del cliente y crea una 'matriz de mensajes' pasible de testeo. Según las necesidades del cliente, la consultora *dramatiza* las soluciones propuestas, desarrollando un sistema visual o diversas instrucciones de marketing, y testea su validez. Finalmente, por medio de métodos de investigación, *mide* la eficacia de la estrategia de marca que gozó de mayor aprobación.

El actual proceso de *branding*, derivado de la Voz Corporativa, cuenta con métodos de investigación que, en términos de validación, se traducen en diagnósticos más amplios, enfatizando los resultados mensurables y los cuidados posteriores para una corrección inteligente del rumbo elegido. Siegel afirma que la Estrategia de Marca está en mayor consonancia que nunca con los 'puntos de contacto' entre la marca, los clientes, y los sectores clave involucrados.

Las "marcas de avanzada", como las llama Siegel, atraviesan la cacofonía resultante de las promesas y reivindicaciones lanzadas por las marcas en competencia, precisamente mediante la articulación y la comunicación perdurable de su propia esencia, y cumpliendo con las expectativas del consumidor, como lo demuestran los siguientes ejemplos:[174]

> ***Boise***: Bajo su nombre anterior (Boise Cascade), esta empresa, a los ojos del público, era famosa por fabricar papel, a pesar de dedicarse también a los materiales de construcción y elementos de oficina. Contrataron a Siegel+Gale para que ideara una solución que incluyera el desarrollo de una estrategia de marca, de creación de nombre, y de arquitectura de marca a fin de corregir la percepción errónea del público. El resultado fue que se retuvo el nombre de Boise a secas, mientras que la empresa adoptó una identidad nueva y audaz. Se dejó de utilizar el símbolo del árbol porque limitaba la atención a la actividad papelera, y Boise adoptó una plataforma de mensajes centrados en su nuevo eslogan (*Trabajar. Construir. Crear*). Aplicando la estrategia de marca, Siegel+Gale rediseñaron el sitio web de la empresa para destacar los principios clave compartidos por toda su línea de negocios.[175]

> ***SunTrust***, uno de los mayores bancos comerciales de los Estados Unidos, consideraba que su activo más importante se encontraba en su "huella geográfica" en el sudeste del país. Sin embargo, el aumento de

la competencia y de la 'comoditización' de los productos comenzaron a sembrar la confusión entre sus clientes, mientras que las subculturas dispares de los empleados provenientes de bancos locales adquiridos por SunTrust nublaron la visibilidad de la marca. Mediante una investigación exhaustiva que incluyó a clientes y empleados, Siegel+Gale contribuyó a identificar los principales valores y la cultura distintiva que había impulsado el éxito en el pasado. A los clientes les encantaba el banco y su sabor local, pero no estaban enterados de los productos y servicios a los que podían acceder. Para apalancar el espíritu de defensa del cliente como promesa institucional, Siegel+Gale posicionó la marca bajo el lema *No sólo a su servicio, sino a su lado*, creó una nueva declaración de misión y valores compartidos, reestructuró la arquitectura de la marca, y también una nueva identidad. La nueva estrategia de la marca hizo su debut con 1.500 sucursales, apoyadas por signalización que enfatizaba el trato con el público, soluciones interactivas, simplificación de la comunicación y los procesos, y un programa de incentivos por el cual se ofrecían al cliente nuevos productos con base en la consumición anterior de otros (ventas cruzadas). El jefe de marketing de SunTrust declaró que "Siegel+Gale nos ayudó a comprender aquellos aspectos de nuestra gente que nos hace lo que somos, y luego nos mostró cómo trasladar ese espíritu a la manera en que hablamos y nos conducimos como organización".

The New School, una universidad atípica ubicada en Greenwich Village, Ciudad de Nueva York, fue fundada en 1919 bajo el nombre de The New School for Social Research [Nueva Escuela de Investigación Social] con el propósito de promover la justicia y la paz mundial. Sus ocho facultades, que no se parecen a ninguna otra, incluyen una Escuela líder en las artes liberales y políticas sociales, una Escuela vocacional de diseño, y Escuelas de música, teatro, y jazz. Luego de realizar estudios sobre la manera en que esta Escuela era percibida, inclusive recurriendo a un cuestionario online de respuesta abierta dirigido a los alumnos, el 40 por ciento de los cuales respondieron –cosa insólita–, en 2004 Siegel+Gale aconsejó cambiar el nombre de la universidad a "The New School", que encontraban ofrecía mejor comunicación. El propósito original de acudir a Siegel+Gale había sido recabar sus servicios para ayudar a que la universidad comunicara su misión, pero al concluir, la firma de *branding* había diseñado un nuevo posicionamiento y una nueva marca, conectando a The New School con los nombres de las facultades que la integraban. Una paleta no tradicional de colores cálidos y una publicidad audaz revitalizaron la identidad de la universidad. Citando los objetivos y valores compartidos por las facultades integrantes, Bob Kerrey, presidente de The New School, dijo que "la importancia de la dinámica que los caracteriza se refleja en el haber relacionado el nombre de cada una de las facultades con el de la universidad sin por ello perder la identidad individual".[176] El nuevo posicionamiento reza: "The New School fue fundada sobre la propuesta de que una sociedad libre depende de la libre expresión. De que el aprendizaje hunde sus raíces en la creatividad como así también en la disciplina y en la inteligencia crítica. De que entrenar a las personas en las habilidades que necesitan para asegurar el triunfo de la democracia equivale a darles el coraje de expresar sus propias voces, las que se diferencian de las voces ajenas".

Capítulo 10: Cumpliendo con las expectativas de la marca

En la actualidad, el gran cambio que se a producido en el terreno del branding es que, finalmente, la gente se ha dado cuenta de que si uno posiciona una compañía y posee una promesa de marca, es necesario cumplir. La experiencia real debe igualar las expectativas. Hay que entrenar a la organización para que se comporte de modo tal que refuerce y se alinee con la promesa de la marca. Esa es la mayor oportunidad en los últimos cinco, ocho años. Las personas como Steve Jobs, que maneja Apple Computers, poseen visión, y la inculcan en la empresa. La gente va a trabajar allí porque cree en esa visión, y su comportamiento fortalece la visión. Howard Schultz, el presidente de Starbucks, posee también una gran visión, y la pone en práctica de manera magnífica. Siempre que se trata con Starbucks, se palpa la coherencia de la experiencia de la marca. Las personas que trabajan allí han sido entrenadas para cumplir con lo que promete la marca Starbucks. Ello no sucede en la gran mayoría de las empresas. En sus anuncios publicitarios y comunicación al público ofrecen lo que no cumplen.
—*Alan Siegel*[177]

¿Puede una compañía encontrar o crear su marca? Siegel así lo cree: "He trabajado con mil compañías, literalmente, y fueron muy pocas las situaciones donde no logré identificar un hilo que me permitiera construir una expresión verídica de lo que la compañía representa y en qué se diferencia de otras. La mayor parte de las compañías tienen una historia, y las personas que las dirigen, un punto de vista, algo así como una visión". Pero se apresura a añadir que, como muchas compañías industriales sufren una fusión tras otra, "no hay nada [ninguna visión] ahí; entonces hay que pensar en una marca ambiciosa, y construirla con base la visión del nuevo líder."[178]

Una marca ambiciosa puede adquirir realidad mucha transpiración mediante –es decir, motivación inspirada por ideas factibles, una fuerte voluntad por parte de los directivos sumada al compromiso de todos los empleados y, ah, claro, un presupuesto consistente con el esfuerzo. Dice Siegel: "Mucho depende del tipo de cultura que la empresa desee promover o del modo en que prefiera diferenciarse de un competidor más importante y así destacarse en el mercado". Advierte que "el punto crítico reside en que la promesa de la marca resulte falaz o en que, no siéndolo, no sea posible cumplirla. Si la empresa no está dispuesta a invertir dinero en entrenar a sus empleados para que comprendan que el posicionamiento se reflejo en las conductas que asumen frente al público, entonces no se ha hecho más que un cambio cosmético, puesto que la empresa carece de la disciplina".[179]

La primera razón por la cual fracasan las promesas de una marca se debe a que las compañías "no desempeñan correctamente la labor de desarrollar una declaración bien pensada y definitiva acerca de su posicionamiento." Siegel ofrece un resumen de hasta dónde llega su firma para realizar un posicionamiento factible en los encargos que acepta: "Cuando realizamos el posicionamiento de una empresa o institución, averiguamos, durante el proceso de auditoría, cuáles son sus mensajes y comunicación clave. Luego les mostramos de qué modo, si adoptan nuestro posicionamiento, pueden rever sus mensajes [...] las cartas que envían a los accionistas, el tema de sus informes anuales, cómo el CEO puede refocalizar el discurso que pronunció en el Club de Economía de Detroit el año anterior". Una serie de sugerencias concretas basadas en el nuevo posicionamiento se aplican a los boletines destinados a los empleados, a los centros de llamadas para uso de los consumidores, y a todas las comunicaciones articuladas por la Voz de la Marca. Al cliente se le presenta un plano exhaustivo de ideas factibles que pueden someterse a testeo para probar su validez. Para asegurarse de que los grupos internos de la empresa comprenden los conceptos en su totalidad, lo que tiene por fin ganarse su aprobación para que luego los apliquen, a menudo se resume la idea de "la voz de la marca" y "plataforma de la marca" en un Libro de la Voz de la Marca que se distribuye entre los empleados.*[180]

Seis elementos estratégicos

He aquí un muestreo de algunas de las promesas de marca desarrolladas por Siegel+Gale a fin de ilustrar su insistencia en la naturaleza crucial de esta cuestión:[181]

Girl Scouts: Donde las niñas se vuelven fuertes

La frase "Donde las niñas se vuelven fuertes" es un regreso a las fuentes de la Organización de Niñas Exploradoras, sintetizando los sencillos elementos de una estrategia básica que, penetrando los rituales bien conocidos (los uniformes,

---

* Los Libros de la Voz de la Marca, o Guías de Recursos de la Voz, de Siegel+Gale, introducen a los empleados al concepto de Voz de la Marca: al tono, modo, y estilo de comunicación que ella requiere. Cuando la Voz de la Marca está unificada, todo lo que comunica comparte un espíritu, un sentimiento, y una actitud familiares. La tesis dominante es que el descubrimiento de una Promesa (la promesa de la marca), junto con una Conducta (los atributos de la marca) y una Presentación (la voz de la marca) pueden reunirse en una plataforma unificada de la marca. Los Libros de la Marca estimulan la reflexión de los empleados sobre estos principios y los inducen a adoptar conductas que refuercen la marca.

distintivos, y sí, también las galletas) llevan al propósito contemporáneo subyacente de este movimiento que no ha perdido actualidad

Lehman Brothers: **Donde se construye la visión**

La estrategia de Lehman consistió en modificar el diálogo, en dejar los remanidos listados de servicios bancarios para abordar la misión fundamental de la banca de inversiones: de lo que el banco podía hacer por sus clientes a lo que los clientes obtenían del banco. "Donde se construye la visión no se relaciona con la manipulación financiera, sino con ayudar a que los visionarios incrementen su capital para cambiar el mundo.

Berklee College of Music: **Somos un Conservatorio, pero no conservadores**

Berklee no es Julliard, sino una institución mucho más libre, de rango más amplio, y decididamente más profesional que no comparte las estrechas limitaciones de los conservatorios europeos tradicionales. El lema que lo distingue es una declaración de independencia, una reafirmación estratégica de lo que lo hace diferente, auténtico, y atractivo para una gran mayoría de estudiantes.

3M: **Innovación**

"Innovación" constituye, como término, un recordatorio simple y audaz de la idea nuclear que impulsa a 3M. Es el denominador común que une a las decenas de miles de empleados y a los igualmente numerosos productos que comercializa. Se trata de un diferenciador estratégico que, tal como ocurre con toda estrategia exitosa, emana de la verdad que la empresa cumple.

CNBC: Haz que sean tus asuntos[*]

El lema vincula los dos componentes esenciales de la CNBC; es decir, une las noticias a los negocios, y demuestra por qué el énfasis intrépido y objetivo de la CNBC en la información responsable es una necesidad crucial para llevar a cabo elecciones de negocios exitosas y sensatas.

DOW: La vida, mejorada diariamente

La estrategia de Dow consistió en desplazar el foco de atención fuera del proceso y sobre el beneficio. En lugar de listar todos sus productos químicos, Dow se concentró directamente en señalar cómo estos productos contribuyen al mejoramiento de la vida diaria. Antes que detenerse en las sustancias, Dow se refirió a los cambios fundamentales que éstas producen en la vida de las personas.

Otra de las razones frecuentes por las que las promesas de una marca fracasan es que suelen no estar 'alineadas' con la conducta de los empleados, ni ser reforzadas por ellos. Los empleados deben comprender y apoyar la marca, sentir que son indispensables para su éxito, e involucrarse en el proceso. Ello requiere de entrenamiento y de comunicaciones internas efectivas, lo que asegurará que se difunda el mensaje correcto. No es posible lograr el alineamiento con un gerenciamiento superficial, ni sólo apoyado en expertos externos a la compañía. Los CEOs deben involucrarse, avivando su pasión por un desempeño superior en

---

[*] La frase original está basada en un juego de palabras irrepetible en español, y pivota sobre la palabra 'business'. En la expresión idiomática que da origen al juego (Make it your business), 'business' refiere, aisladamente, a 'negocios' y dentro de la frase, a un todo que significa 'Ocúpate' o 'Inmiscúyete, pues te concierne'. [N. de la T.]

las relaciones con los clientes; no pueden aflojar la válvula que regula el motor de la marca.

Siegel insiste en que "los programas de marketing y comunicación montados por las empresas para sostener sus marcas ofrecen, esencialmente, una promesa a los consumidores". Ejemplifica así: Objetivo –"Espere más/pague menos"; GE– "La imaginación en marcha"; y el "Siempre precios bajos. Siempre", de Wal-Mart". Y agrega: "Decimos que la definición de una marca señala el rumbo del pensamiento, de la comunicación, y de la conducta". Las marcas de alta visibilidad, las que se encuentran al tope de los gráficos de clasificación confeccionados por las revistas de negocios y los grupos de comercio suelen estar respaldadas por considerables presupuestos invertidos en publicidad y sostenidas por relaciones públicas que construyen conciencia de la marca y su promesa. Para Siegel, independientemente del tamaño de la empresa y de su presupuesto publicitario, la clave reside en que la empresa "cumpla con lo que promete, algo que a menudo se llama alineamiento de la marca". Sin rodeos, Siegel afirma que la mayoría de las marcas "no se distinguen entre sí, no gozan de gran consideración, y no son visibles". Su última palabra al respecto: "Ninguna marca va a representar algo positivo a menos que aquello que representa sea significativo, promocionado, y proporcione experiencias positivas. Si la marca no se define a sí misma, será el mercado el que lo hará".[182]

Capítulo 11: Palabras finales

El *branding* como profesión

El presente libro es una instantánea del recorrido de Alan Siegel: cómo hace *branding* y lo que éste ofrece profesionalmente: una Biografía Laboral. Un enfoque reduccionista en la descripción de una disciplina relativamente nueva y polímata como ésta no le hace justicia. Siegel, quizá con justa prudencia, se muestra renuente a predecir hacia dónde se dirige este negocio, pero sí ofrece sinceros consejos tanto a los jóvenes como a los más experimentados cuya pasión es internarse en este campo creativo, dinámico, y apasionante.

Educación

Al igual que otras grandes empresas consultoras, Siegel+Gale regularmente entrevista a graduados universitarios, especialmente a aquellos que cuentan con una Maestría en Administración de Empresas. Las camadas de graduados más recientes interesados en trabajar en *branding* se han diplomado en artes liberales, negocios, o comunicación. Muchos han sido pasantes o han trabajado durante la temporada estival en el mundo de los negocios. Es típico de quienes hacen posgrados en Administración de Empresas trabajar entre dos y cinco años antes de iniciar sus Maestrías.[183]

Las empresas que proporcionan servicios de *branding* –agencias publicitarias, compañías de relaciones públicas, y grupos de respuesta directa– contratan graduados especializados en diseño gráfico, diseño para Internet, y producción de películas y videos. Para sus negocios de Simplificación,

Siegel+Gale realiza activas tareas de reclutamiento en Carnegie Mellon, RPI, y una serie de programas de Maestría en Administración de Empresas a fin de encontrar personal entrenado en la simplificación de procesos, diseño de la información, escritura técnica, psicología cognitiva, y ciencias de la computación.[184]

Para cubrir puestos ejecutivos en los niveles medio y alto, Siegel+Gale contrata profesionales con experiencia en gerencia de cuentas en agencias de agencias de publicidad, consultoras de gestión, y marketing y gerencia de marcas en corporaciones. Siegel también busca personal experimentado en tecnología, salud, mercados de consumo, marketing industrial, servicios financieros, y organizaciones sin fines de lucro.

Aquellos que se han doctorado en *branding* y marketing tienden a insertarse en el mundo académico. En ocasiones, también dirigen centros de marcas, programas de investigación, u ofrecen asesoramiento privado. Publican libros de negocios –algunos con gran éxito– y propalan sus ideas desde los medios y en el circuito de los congresos especializados. Tanto las empresas de *branding* (incluyendo a Siegel+Gale) como sus clientes recurren a ellos para tareas específicas, tales como la medición del impacto de la marca mediante el ROI (renta sobre la inversión), una tendencia importante y ascendente en el campo del *branding*.[185]

Habilidades para estrategas del *branding*

Trabajar como estratega de marcas para una consultora es un desafío que requiere de una serie de habilidades sofisticadas, incluyendo las siguientes, especificadas por Spiegel:[186]

- Analizar y sintetizar un fárrago de información.
- Generar elementos significativos y data crítica a partir de entrevistas con la gerencia y de investigación de mercado con miembros representativos del público al que se dirige la marca.
- Escribir presentaciones e informes claros y convincentes.
- Crear estrategias de marca que definan y diferencien el producto/servicio o compañía.
- Colaborar con los clientes, con las empresas que trabajan para ellos, y con los creativos.
- Mantener la integridad de la estrategia, defendiéndola contra los clientes reacios al riesgo sin seguridad de compensación.

Siegel opina que "los diseñadores, escritores, y productores deben aprender a convertir las estrategias propias del *branding* en elementos de comunicación contundentes y pertinentes. Estas personas integran equipos abocados a la solución de problemas, y poseen la capacidad de agregar valor mediante el desarrollo de conceptos originales, claros, y fáciles de recordar. Los diseñadores exitosos con quienes trabajé son coherentes, flexibles, y enérgicos al momento de presentar sus argumentos".

Caracteriza a los simplificadores de éxito como personas estudiosas, pacientes, lógicas, y creativas. Son competitivos y resuelven problemas; son dados a la experimentación y sintetizadores y, por sobre todo, escriben con claridad.[187]

Filtros para la contratación

Toda compañía mantiene un sistema particular de 'filtros' para la contratación de personal —los estándares generales y las preferencias de los empleadores que los aspirantes deben sortear para obtener un puesto de trabajo. En el caso de Siegel, se trata de la educación recibida, la experiencia laboral, la pasión por la tarea, las habilidades comunicativas, las buena presencia, la creatividad, las referencias, y la entrevista personal.

Dice Siegel: "Busco gente que haya hecho 'los deberes' antes de postularse para trabajar con nosotros [...] lo que saben acerca de nuestra empresa, del negocio de *branding*, de los trabajos que hemos realizado, de nuestros competidores, del tipo de trabajo que les atrae, y otras facetas en las que pueden haber indagado. Tienen que haber estudiado nuestro sitio web, leído nuestro *BrandWeek*, *Ad Age* y otras publicaciones del rubro, y analizado algunos textos sobre *branding*".[188]

Curiosamente, Siegel contrató personas mayores *sin* títulos universitarios, pero fueron raras excepciones. Considera que el campo de las ventas es el mejor entrenamiento para formarse en marketing y *branding*, especialmente cuando se trata de personas embarcadas en carreras que ya han dado frutos. "Son los que están en las trincheras; los que aprendieron lo que motiva a los compradores y mueve el negocio. Algunos no han asistido a la universidad, pero no vacilaría un segundo en contratarlos", comenta Siegel. También se siente atraído por personas que poseen habilidades, puntos de vista, o experiencia excepcionales. Por ejemplo, en cierta ocasión contrató al director de desarrollo de una conocida compañía de danza moderna que se aficionó a los nuevos desarrollos de negocios. Sin haber perdido nunca sus características de amante del baloncesto, Siegel dice que "si el Dr. J pidiera un puesto gerencial o de desarrollo de negocios en Siegel+Gale, se lo daría con la rapidez del rayo".*[189] (Esto puede ser tratarse de una broma... o quizás no).

---

* Julius Winfield Erving II, alias Dr. J, se desempeñó con gran éxito en el campo de baloncesto, obteniendo tres títulos consecutivos por marcar tantos en cinco temporadas de la ABA. Fue electo cinco veces para integrar los equipos de "Sólo Estrellas" en once temporadas de la NBA, y se inscribió su nombre en el Naismith Memorial Hall of Fame (1993). http://nba.com/history/players/erving_bio.html (consultado el 29 de abril de 2006).

Siegel trata de contratar a dos tipos de personas: los que sienten pasión por el *branding* y poseen la habilidad de organizar grandes proyectos globales y complejos, y los que poseen habilidades particulares; por ejemplo, los especialistas en investigación de mercado y en diseño gráfico y de documentación. Los estrategas de marca constituyen en corazón de la empresa; todo lo que ésta hace surge de las estrategias creadas por ellos junto con las relaciones que anudan con los clientes. Los estrategas eficaces desarrollan programas de marca distintivos, negocian los contratos con los clientes, y aportan nuevos negocios. Su experiencia es indiscutible al momento de presentar con solvencia el proyecto al cliente, y se pone en evidencia, inclusive mostrando su sentido del humor, inclusive cuando hay que manejar situaciones difíciles.

Los especialistas exhiben su pericia, asociándose a veces con otras firmas especializadas en una amplia gama de servicios que van desde la investigación y el marketing de eventos hasta las relaciones financieras. Gran parte de la tarea del especialista en personal consiste en evaluar e interpretar el trabajo que las fuentes externas realizan para los equipos de Siegel+Gale, asegurándose de que se cumplan los objetivos y se resuelvan los conflictos o malentendidos entre vendedor y comprador.

En el transcurso de los diez últimos años, la mayor parte de los trabajos asignados a Siegel+Gale fueron de índole global. Los equipos de proyectos viajan frecuentemente para realizar entrevistas in situ y sumergirse en culturas y negocios típicos de otros países. Siegel valora mucho a los aspirantes con perspectiva global; es decir, a personas que han viajado por el extranjero y que hablan varios idiomas. A fin de enriquecer los conocimientos de su personal respecto de los negocios globales y las culturas extranjeras, trata de implementar rotaciones entre quienes trabajan en sus oficinas internacionales y sus empleados en los Estados Unidos.

No cabe duda de que el inglés es el idioma de los negocios internacionales, pero no del mercado. Siegel explica que "por lo general, las reuniones de negocios se llevan a cabo en inglés, pero las estrategias y la comunicación deben ser traducidas al idioma y a la cultura de cada país".

Finalmente, la mayoría de las personas incursiona en un negocio o profesión debido a la satisfacción personal que les proporciona antes que por especulaciones salariales. Resulta instructivo leer la lista de satisfacciones que Siegel obtiene del *branding*:

Resolución de problemas
Desafío intelectual
Diálogo con gente inteligente
Innovación
Aprendizaje
Tutoría
Marcar una diferencia
Construcción de la marca Siegel+Gale

Son pocos los beneficios arriba mencionados que suelen aparecer en los anuncios de "Personal buscado" o en las descripciones de tareas especificadas por los 'cazadores de cerebros'.

Breve muestreo de las citas de Siegel

En los últimos treinta años, han sido raros los artículos sobre grandes desarrollos de *branding* aparecidos en periódicos o publicaciones de negocios de amplia circulación donde no se haya incluido una cita de Alan Siegel. Su número telefónico está grabado en los Rolodex® de los periodistas en el mundo entero. Quienes escriben contra el reloj buscan asiduamente su ingenio y sabiduría, de éxito asegurado, aunque no siempre apreciado por las compañías que poseen acciones en su firma o la controlan, porque su sinceridad a veces irrita a colegas y clientes. A continuación, un muestreo de 'siegelismos':

Condones de la ciudad. A principios de 2006, la ciudad de Nueva York anunció su intención de lanzar un condón oficial para la ciudad "en un envase único". Teniendo en cuenta de que ya existe una compañía que comercializa sus condones con la imagen del Empire State Building, le preguntaron a Siegel qué nombre sugeriría. "Planeamiento urbano", respondió. —*The New York Times*, Feb. 15, 2006.

New Jersey en busca de glamour. Habiendo pagado 260.000 dólares a una consultora de imagen, el estado de New Jersey rechazó varios eslóganes que consideraba negativos, entre los que se encontraban las frases "New Jersey: Terminaremos por gustarle", y "New Jersey: no tan malo como usted imagina". A Siegel los eslóganes le parecieron malísimos, y comentó: "Aparte de 'I love New York' [Amo a Nueva York/Me encanta Nueva York], que fue mágico, no me parece que ningún eslogan para una ciudad, estado, o a nivel nacional tenga importancia. Por lo general, son una forma de tirar el dinero". —*The New York Times*, Nov.2, 2005.

Las campanas del infierno. Después de realizada la fusión entre SBC y AT&T, SBC declaró que asumiría el nombre de AT&T, una de las marcas más reconocidas del mundo. Siegel, a quien le preocupaba más el servicio al cliente, dijo que, al fin y al cabo, lo que importa "no es lo que dicen, sino lo que hacen". —*The New York Times*, Oct. 28, 2005.

Lo improbable. La primera demanda judicial contra las compañías de comidas rápidas por no revelar los riesgos de las elevadas calorías contenidas en sus productos despertó risas, pero a Siegel no le causó gracia. Sus palabras fueron citadas en *The Times*. Sugería que la respuesta no consistía en cambiar los anuncios, sino que lo que realmente podría "revitalizar el negocio" era reposicionar las marcas para que representaran elecciones más saludables, ofrecer porciones más pequeñas, y brindar más información acerca de cuestiones relacionadas con la salud. —*The New York Times*, Dic. 2, 2002.

El último jadeo de Craft. El American Craft Museum [Museo de Oficios de los Estados Unidos] pidió a Siegel, quien por entonces integraba la Comisión Directiva, que encontrara un nuevo nombre para la institución, dado que otros museos y secciones de museos estaban quitando la palabra 'oficios' de sus respectivos nombres. Siegel dijo que la tarea no tomaría más de diez minutos, pero un año y medio más tarde, y aún sin resultados, condujo algunos grupos focales y llegó a la conclusión de que "las asociaciones negativas que despertaba la idea de 'oficios' era tan grande que no había dinero capaz de vencerlas". Su comentario favorito respecto de la encuesta fue: "Craft no puede desprenderse de su imagen de agarraderas de macramé, sin importar lo que se haga al respecto". —*The New York Times*, Marzo 30, 2005.

Voy a Comcastland. Cuando se le pidió que expresara su opinión acera del nombre Comcast Disneyland, que pensaba dársele a Disneylandia si Comcast absorbía la Walt Disney Company, Siegel comentó que muchas de las empresas que emergen de tales adquisiciones adoptan nombres de efecto negativo. Ejemplificó su parecer mencionando a AOL Time Warner, Exxon Mobil, Morgan Stanley, Dean Witter, Discover & Company, Pricewaterhouse Coopers, y "la peor, desde mi punto de vista": Kyocera Mita. —*The New York Times*, Feb. 15, 2004.

Ahí va mi corazón. Publicitando con mucho barullo su temporada en el Caesars Palace de Las Vegas, la cantante Celine Dion, quien ayudó a las ventas de la película *Titanic* con su cadenciosa canción "My Heart Will Go On", fue contratada para convertirse en la voz de Chrysler. Siegel pensó que quizás Chrysler no era el vehículo adecuado. Según se lo cita, Siegel se preguntó: "¿Los de Chrysler piensan que tiene clase? Yo creo que es popular, fácilmente reconocible, y que tiene una cierta presencia". Sin embargo, estuvo de acuerdo en que no se vería mayormente afectada por los problemas que aquejaron a otras celebridades que incursionaron en la publicidad, como Martha Stewart... u O. J. Simpson. —*The New York Times*, Nov. 5, 2002.

No duden de Thomas. La muerte de R. David Thomas, fundador de la cadena internacional Wendy's, dio mucho que pensar a los propietarios de marcas de otras cadenas internacionales de comidas rápidas. (Después del deceso del Coronel Harland Sanders, Kentucky Fried Chicken reemplazó el icónico nombre y rostro del coronel por las iniciales KFC, y fracasó al intentar revivir su imagen apelando a actores, hasta que tuvo que conformarse con una caricatura de Sanders). Siegel pensó que las imágenes originales de Thomas representaban "las cualidades que hacían de Wendy's una marca única, a través de una persona campechana, real, humana, y sincera". Aconsejó a Wendy's -al menos desde la prensa –"tratar de perpetuar el legado y los valores que Thomas representaba", y advirtió: "Yo no consideraría ni por un segundo la idea de convertir a Dave en una caricatura". —*The New York Times*, En. 9, 2002.

Espera, Snoopy; espera. La muerte de Charles M. Schulz, creador de *Peanuts*®, pareció poner en peligro el uso de Snoopy y de su excéntrico círculo de amistades en los anuncios publicitarios y promociones de la Metropolitan Life Insurance Company, que venía explotándolos desde 1985. Siegel decía que *Peanuts* era "un ícono, pero estático para el futuro. No puedo imaginarlo como una expresión publicitaria viable, porque la publicidad tiene que tocar temas de actualidad y responder a lo que ocurre en el mercado [...] Yo pensaría en alguna transición para reemplazarlo". Para sintetizar, MetLife conservó a Snoopy, inclusive en su característico globo, y es muy posible que, hacia el 2010, llegue a los cien millones de clientes. —*The New York Times*, Feb. 17, 2000.

Llamado para Al-Tri-Ah. A pesar de haber diversificado ampliamente sus negocios, internándose en los campos de los alimentos envasados y la elaboración cervecera, Philip Morris no pudo limpiar su nombre de las manchas de nicotina hasta 2002, cuando cambió su nombre por otro completamente distinto, y pasó a llamarse Altria (en latín, 'altus' significa 'elevado', aunque no necesariamente implica el cambio de una modalidad). Cuando el anuncio se hizo público, Siegel declaró: "El cambio de nombre es una buena movida estratégica. El mundo invisible que se oculta tras Philip Morris es el del tabaco, y ellos se proponen proyectar una identidad mayor y más abarcativa". —*The New York Times*, Nov. 18, 2001.

Heredar es humano. Ansioso de unirse a Lee Iacocca en el panteón de los voceros de la industria automotriz, William Clay Ford Jr., CEO de Ford, se convirtió en el rostro de la Ford Motor Company en 2002. Sin implicar que exista una relación de causa-efecto, el hecho es que dos años después Toyota ocupó el lugar de Ford como el segundo fabricante mundial de automóviles, lo que llevó a Siegel a decir: "Es bueno que exista un legado, pero en este caso jugó en contra. Me gustaría saber qué piensan hacer para valorizar la compañía". —*The New York Times*, Feb. 20, 2002.

Es tiempo de avanzar. Allá por la década de los 90, la Toyota Motor Corporate Services de los Estados Unidos decidió combatir la publicidad antijaponesa lanzando una campaña de difusión sobre las actividades de Toyota en el país, aparte de fabricar buenos vehículos. Siegel opinó que "la gente quiere saber qué hacen las empresas y de qué manera lo que hacen redundará en beneficio del público. Si una campaña como la emprendida por Toyota está bien llevada, creará la impresión de que a la compañía le importa la gente". —*The New York Times*, Oct. 2, 1990. (Toyota construyó una imagen que la mostraba como una compañía compasiva, relatando historias acerca de su programa de becas, manejado por el United Negro College Fund. En el Fortune Global 500, publicado el 24 de julio de 2006, Toyota fue clasificada en el puesto número ocho de las compañías mayores, un lugar por encima de Ford).

Testimonios

Alan y su firma llegaron a ser identificados por dos frases que diferencian a su persona y a su empresa consultora. Una de ellas es "Simple es inteligente", que expresa a la perfección su necesidad instintiva de claridad, su desprecio por la jerga, su deseo infatigable de encontrar respuestas directas, y su promesa a los clientes de no desperdiciar su tiempo con una lógica abstrusa y recomendaciones recargadas. Su meta fue siempre trazar una línea recta y verdadera entre la descripción contextual, la caracterización de los problemas, la declaración de las premisas, la articulación de las conclusiones, la presentación de sus implicancias, y la creación de las expresiones correspondientes. Una estrategia de marcas que contemple todos los aspectos tenía que ser tan clara y lógica como un sencillo diagrama de barras. Eso era inteligente. El tema entretejía asimismo la estrategia y el diseño de la marca con las prácticas de comunicación simplificada que distinguen a Siegel+Gale hasta el presente. La segunda frase, por supuesto, es "La Voz de la Marca", el modelo que organiza los compromisos entre lo que piden los clientes de Siegel+Gale y lo que la firma promete y va a cumplir a partir de su trabajo... Éste es su concepto distintivo. Mucho antes de que otros se refirieran a la marca de una empresa como sus productos y servicios, así como al marketing y a la comunicación, Alan habló de la marca como la suma total de todas sus expresiones y experiencias: la voz de la marca en el mercado. Arguyó que cuanto más diferente y atractiva fuera la voz, más potencia y valor adquiriría la marca. Es una idea sencilla y

poderosa, perfectamente de acuerdo con el deseo de Alan de hallar soluciones de idéntico tenor.
—*Claude Singer, socio de Lippincott Mercer y ex ejecutivo de Siegel+Gale*[190]

A juzgar por la generosidad del comentario precedente, y de otros similares, sobre la obra de su vida, Alan Siegel se ha asegurado un lugar en la historia del marketing. Charles Reisler, otro ex colega, coincide: "No hay padres de nada, pero Alan engendró esas dos nuevas oportunidades, la Voz y la Simplificación del Lenguaje".[191]

El admirable Herb Schmertz, quien estuvo a cargo de la comunicación corporativa de Mobil Oil durante veinticinco años, alaba a Siegel llamándolo un constructor de marcas que hace "recomendaciones audaces". "Alan es muy seguro de sí mismo y raramente muestra desconfianza en su juicio. Posee la capacidad de tomar lo complejo y volverlo comprensible. Ve cosas que otros no ven, y sabe traducir lo que ve en programas".[192]

Para Eva Hardy, vicepresidente senior de Dominion Resources, una de las mayores compañías energéticas integradas de los Estados Unidos, trabajar con Siegel para llevar a cabo el cambio de marca fue "un proceso positivo, indoloro, y constructivo, con acciones sugeridas claramente definidas". Al entrar en el edificio de una antigua compañía de Virginia que databa de la época de George Washington, el "consultor de Nueva York" rápidamente hizo que los directivos se sintieran cómodos e "hizo una labor extraordinaria logrando extraer de nuestro discurso la verdadera realidad de nuestra marca".[193]

Es claro que no todos los competidores, clientes, o personal de Siegel derraman loas sobre él. Es notoria su baja tolerancia al aburrimiento. "No quiere soportar conversaciones prolongadas", dice un empleado actual. "No soporta a los imbéciles con paciencia, y está siempre ansioso por llegar al núcleo del asunto". Otra persona que trabajó estrechamente con él comenta que "si uno se pierde en digresiones injustificadas o se enreda en la jerga, será llamado al orden". Por cierto, un colega de Siegel bromea, diciendo que Siegel es "la única persona que transformó un síndrome de déficit de atención en una carrera brillante y exitosa".

Sin embargo, un ejecutivo senior que trabaja actualmente con él advierte que Siegel puede ser subestimado porque abruma a las personas con preguntas punzantes. Este ejecutivo declara que Siegel "siempre lleva la contraria en su permanente desafío de lo preconcebido. Si no puedes moverte a su ritmo, a él no le interesa mucho ir más despacio. Se traslada de una idea a otra, como una mariposa, y ha hecho de esto su ventaja". Otro ejecutivo de Siegel+Gale comenta: "Creo que Alan piensa, como Emerson, que 'nunca se logró nada verdaderamente grande sin entusiasmo'. La importancia de lo que hace Alan reside en la pasión que pone, en su fe en el impacto y valor de lo que hace".

Campea también la cuestión de una vanidad perceptible, de su "presencia deslumbrante", y de sus trajes hechos a medida, que complementa con cinturones del oeste con puntas de plata... o al menos así lo hacía cuando la gente iba a la oficina de traje y corbata. Un ex empleado jerárquico de Siegel+Gale que compraba sus ropas en tiendas de gangas se sentía perplejo al escuchar a Siegel parlotear con Bob Gale, su socio, también ataviado en estilo, sobre la última moda según la revista *Esquire*. Sin pizca de ironía, otro ex empleado habla de Siegel como "el Donald Trump del *branding*", aunque en verdad se refiere a su habilidad con los medios y no al peinado laqueado que exhibe Donald. No cabe duda de que Siegel tiene estilo pero –él se apresuraría a agregar esto– carece de una marca personal.

Sin duda, Siegel tiene presencia. Sus amigos dicen que exuda confianza y autoridad, a la que se agrega una considerable dosis de agallas. Una de las fuentes consultadas, recordando un incidente del que había sido testigo mientras viajaban juntos en subterráneo, dijo que es "un ser humano puro, un ícono del juego limpio". Como parece suceder sólo en Nueva York, un hombretón que se pavoneaba por el vagón, despotricando contra el mundo, amenazó a los pasajeros hasta que Siegel "se le enfrentó y puso fin a su agresividad con su mera presencia".

Y también está el asunto de los deportes. "Alan era el prototipo del atleta. Yo no diría que del 'atleta estúpido', pero definitivamente era en primer término un atleta, y luego desarrolló su intelecto". Son las palabras de su amigo el abogado Henry Petchesky, quien lo conoce desde la adolescencia, cuando Siegel atrapaba pelotas en el campo de béisbol. Consciente de los logros profesionales de su amigo, Petchesky admira mucho la compañía de Siegel: "En aquellos tiempos nadie se arriesgaba, pero Alan lo hizo. Tenía una visión acerca de fundar su propia empresa, y lo hizo antes de cumplir los treinta. Para eso hacen falta cojones. Poseía un talento natural; era un líder, en el campo de juego y en la vida".[194]

Gloria, su esposa, la única persona que lo conoce profundamente, cree que Alan nunca va a retirarse del todo. Cuando lo describe como a "un líder eficaz, pero no un seguidor", Gloria indica que dos de las cosas que le interesan, la política y la vida académica, "lo volverían loco" porque no se aviene a "las decisiones consensuadas". "Puede transferir las riendas, pero no deja de implicarse. Me lo imagino escribiendo, o aceptando consultas privadas, pero su corazón siempre estará en la compañía". Gloria está convencida de que Siegel será recordado "como una persona honesta y un pensador original ... un ser humano compasivo a quien le importan de verdad las personas que trabajan con él así como aquellas para quienes trabaja".[195]

Las anécdotas no sirven a los propósitos de un retrato acabado, especialmente cuando no se dispone de mucho espacio. Esperemos que las observaciones autorizadas contribuyan a la triangulación de algunas de las facetas que componen la personalidad de Siegel. Como se mostró en el texto, la fotografía continúa siendo la ventana de Siegel al mundo: "Me consume la construcción de imágenes visuales de los objetos que veo en mi vida diaria y en mis viajes; me consumen las ideas para comunicar mensajes. A lo largo de los años he integrado las comisiones de fotografía de los grandes museos, he pasado tiempo con los curadores de mayor prestigio, y he asistido a cientos de inauguraciones en galerías de arte".

En el estudio de su apartamento se apilan los libros de fotografía, que también atiborran su oficina de Madison Avenue. Hay dos que produjo él mismo: *One Man's Eye: Photographs from the Alan Siegel Collection*, publicado por Harry N. Abrams en 2000, y *Step Right This Way: The Photographs of Edward J. Kelty*, con textos de Miles Barth, Alan M. Siegel, y Edward Hoagland, publicado por Barnes & Noble en 2002. Respecto del segundo, *Booklist*, de la American Library Association, escribió lo siguiente: "El sucesor de *One Man's Eye* (2000), el desorbitante trabajo de Barth y Alan, también se relaciona con la visión de un individuo en particular. Esta vez no se trata de Siegel el coleccionista de fotografías, sino de un fotógrafo profesional de banquetes que suplementa su actividad haciendo publicidad para circos [...] [Las fotos de circos de Kelty] son una delicia para los ojos, tan apetitosas que a veces se tornan increíbles".[196]

Siegel se refiere a sus valiosas fotografías con calidez, llamándolas "viejas amigas". Comenzó su colección en la década del 60, y las trae de su apartamento a su oficina, rotando las exhibiciones y depositando otras imágenes en el hogar de su hija Stacy, en Los Angeles. Hace unos pocos años comenzó con la fotografía digital, y ahora se encuentra empeñado en dominar el Adobe Photoshop. Además de la fotografía y el *branding*, y de dos nietos que ocupan un lugar muy especial en la atareada vida de Alan y Gloria, Siegel integra diversas comisiones que reflejan los intereses que lo acompañaron toda la vida: el Author's Guild [Sociedad de Autores], el Museum of Arts and Design [Museo de Artes y Diseño], Aperture Foundation [Fundación Aperture] (dedicada a la fotografía artística), y The American Theater Wing [ATW], patrocinadora de los Premios Tony, que le ofrece a Siegel, en calidad de votante para los Tony, el privilegio de presenciar muchos de los espectáculos de Broadway. No ha dejado de hacer *branding* y trabajos de comunicación sin cargo para compañías de danza moderna, grupos ambientalistas, y fundaciones dedicadas al cuidado de la salud. A la edad de 68 años, con su espeso cabello negro veteado de plata, y el peso agregado de la edad, Siegel luce tan en forma como si tuviera quince años menos. El hecho de que todavía compita en torneos nacionales de remo, juegue al tenis, y navegue en kayac, a pesar del desgaste que implica una vida tan activa, respalda su aseveración de que "los deportes son una parte integral de mi vida. Lo fueron siempre".[197]

Biografía del autor

Louis J. Slovinsky se retiró de Time Warner Inc., donde ejercía el cargo de vicepresidente corporativo, ocupándose de la dirección de estudios sobre identidad para Time Inc. y Time Warner Inc. Trabajó como analista de marcas para Siegel & Gale y Chermayeff & Geismar, y escribió también, como colaborador independiente, para Corporate Branding Partnership.

Notas

[1] Alan Siegel, entrevista por el autor, Septiembre 6, 2005.
[2] Ibid.
[3] Ibid.
[4] Ibid.
[5] Ibid.
[6] Internet Movie Database, *The Flamingo Kid*, http://www.imdb.com (examinada Octubre 10, 2005).
[7] Jim Brown: Biography, http://www.sportsplacement.com/brownbio.htm (examinada Abril 30, 2006).
[8] Siegel entrevista, Septiembre 6, 2005.
[9] Ibid.
[10] *Cornell H.R: History and Mission*, http://www.ilr.cornell.edu/history (examinada Septiembre 28, 2005).
[11] Siegel entrevista, Septiembre 6, 2005.
[12] Ibid.
[13] Zeta Beta Tau fue fundada como sociedad de jóvenes sionistas en 1898. Entre sus miembros más distinguidos se cuentan el ya fallecido empresario Armand Hammer, el actor Robert Klein, el abogado Robert Shapiro, el periodista Mike Wallace, el ex Secretario de Comercio Mickey Kantor, y el músico Peter
Yarrow, graduado de Cornell e integrante de Peter, Paul and Mary. ZBT History, http://www.zbt.org (consultada el 28 de septiembre de 2005).
[14] Robert Dudnick, Los Angeles attorney, entrevista por el autor, Diciembre 5, 2005.
[15] Siegel entrevista, Septiembre 6, 2005.
[16] Ibid.
[17] Ibid.
[18] In *Rebel Without a Cause*, Dean conduce un Mercury coupe negro 1949. http://www.imdb.com (examinada Marzo 28, 2006).
[19] Siegel entrevista, Septiembre 6, 2005.
[20] Ibid.
[21] Ibid.
[22] Ibid.
[23] Ibid.
[24] Ibid.
[25] Ibid.
[26] *M115 8-inch (203mm) Howitzer*, http://globalsecurity.org/military/systems/ground/m115.htm (examinada Junio 27, 2005).
[27] Lawrence M. Walsh, *The Fulda Gap*, Julio 2004, http://www.infosecuritymag.techtarget.com/ss/0,295796_iss426_art872,00.html (examinada Abril 5, 2006).
[28] Siegel entrevista, Junio 25, 2006.
[29] Ibid.
[30] *Design Archive Online: Alexey Brodovitch*, www.design.rit.edu/Design/Biographies/brodovitch.html (examinada Septiembre 28, 2005).
[31] Siegel entrevista, Septiembre 6, 2005.

[32] *Masters of Photography: Lisette Model*, www.masters-photography.com/M/model/model_articles1.html (examinada Septiembre 28, 2005).
[33] Gloria Siegel, esposa de Alan Siegel, entrevista por el autor, Septiembre 25, 2006.
[34] Ibid.
[35] Gloria Siegel entrevista, Noviembre 10, 2005.
[36] *History: NYCE*, www.hoovers.com/nyce (examinada Noviembre 10, 2005).
[37] James Kiewel, ex-vice presidente, Siegel+Gale, entrevista por el autor, Noviembre 16, 2005.
[38] Siegel entrevista, Septiembre 6, 2005.
[39] Kiewel entrevista, Noviembre 16, 2005.
[40] Siegel entrevista, Julio 6, 2006.
[41] Kiewel entrevista, Noviembre 16, 2005.
[42] Ibid.
[43] *Blog of Death: James Jordan Jr.*, Febrero 9, 2004, www.blogofdeath.com/archives (examinada Octubre 27, 2005).
[44] Kiewel entrevista, Noviembre 16, 2005.
[45] Siegel entrevista, Septiembre 6, 2005.
[46] Richard Weiner, ejecutivo retirado relaciones publicas, entrevista por el autor, Noviembre 11, 2005.
[47] Michael Kaufman, "J. Gordon Lippincott, 89, Dies; Pioneer Design Consultant," *The New York Times*, Mayo 7, 1998.
[48] Reflejando la consolidación de las empresas publicitarias en diversos gigantes globales, ahora el negocio de identidad corporativa se concentra en unas pocas compañías. Luego de un cambio de propietarios realizado en 2003, Lippincott & Margulies pasó a llamarse Lippincott Mercer. Margulies falleció en 1989; Lippincott se retiró de la actividad en 1996 y murió dos años más tarde.
[49] Milton Riback, *Name Changes*, Letter to the Editor, *The New York Times*, Mayo 29, 1987.
[50] Don Ervin, Siegel+Gale ex-director de diseño, entrevista por el autor, Octubre 21, 2005.
[51] Siegel entrevista, Septiembre 6, 2005.
[52] Ibid.
[53] Entrevista de Ervin, 21 de octubre de 2005. En Sandgren & Murtha, Siegel contribuyó a desarrollar la marca registrada de las ligas mayores de béisbol al cumplirse el centenario de este deporte. Según Ervin, un joven dseñador llamado Juan Conception dibujó la imagen de MLB.
[54] David Davis, *"If West is the NBA's logo, should he be?"* http://www.msn.foxsports.com/nba/story/5328860 (examinada Marzo 14, 2006).
[55] Ibid.
[56] Ibid.
[57] Ervin entrevista, Octubre 21, 2005.
[58] Siegel entrevista, Diciembre 8, 2005.
[59] Ibid.
[60] Wally Olins, *Corporate Identity* (New York: Thames & Hudson, Inc., 1994).
[61] James Salter, *Burning the Days* (New York: Random House, 1997).
[62] Siegel entrevista, Julio 6, 2006.
[63] Siegel entrevista, Diciembre 8, 2005.
[64] Siegel entrevista Julio 6, 2006.
[65] El pintoresco Baldrige, defensor de la eficiencia en la administración gubernamental y poseedor de una reputación a nivel mundial, había

sido anteriormente peón de campo y lazador profesional en los circuitos de rodeo. Fue homenajeado con la creación del Malcolm Baldrige National Quality Award [Premio Malcolm Baldrige a la Calidad Nacional] en 1987, año de su fallecimiento, a los 64 años, durante un accidente sufrido en el rodeo. http://.en.wikipedia.org/wiki/Malcolm_Baldrige (consultada el 31 de julio de 2006).

[66] Charles Reisler, former partner of Siegel+Gale, entrevista por el autor, Octubre 27, 2005.
[67] *3M Logo History*, http://www6.3m.com (examinada Octubre 27, 2005).
[68] Ibid.
[69] Ibid.
[70] Ibid.
[71] Ibid.
[72] Siegel entrevista, Julio 6, 2006.
[73] Ibid.
[74] Siegel+Gale, *3M Case Study*, Septiembre 13, 2005.
[75] Reisler entrevista, Octubre 27, 2005.
[76] Siegel entrevista, Septiembre 6, 2005.
[77] Siegel entrevista, Julio 6, 2006.
[78] Siegel e-mail al autor, Mayo 31, 2005.
[79] Kiewel entrevista, Noviembre 16, 2005.
[80] Ervin entrevista, Octubre 21, 2005.
[81] Siegel entrevista, Abril 9, 2006.
[82] Alan Siegel discurso, Town Hall of California, Noviembre 20, 1982, Reimpreso *Vital Speeches*, Febrero 1, 1983.
[83] Ibid.
[84] Kenneth Morris, "Good Form: The Art of Document Design at Siegel+Gale," *Print Magazine*, Enero/Febrero 1981.
[85] Kenneth Morris, ex-presidente de Siegel+Gale, entrevista por el autor, Noviembre 21, 2005.
[86] Alan Siegel, "To lift the curse of legalese—Simplify, Simplify," *Across the Board*, Junio 1977.
[87] Carl Felsenfeld, profesor de derecho, Fordham University, entrevista por el autor, Junio 23, 2006.
[88] Alan Siegel, "Desperately Seeking Simplification," *Across the Board*, Noviembre/Diciembre 2001.
[89] Ibid.
[90] Siegel entrevista, Junio 6, 2006.
[91] Kenneth Morris, "Good Form: The Art of Document Design at Siegel+Gale," *Print Magazine*, Enero/Febrero 1981.
[92] Morris entrevista, Noviembre 21, 2005.
[93] Weiner entrevista, Noviembre 11, 2005.
[94] Felsenfeld entrevista, Junio 23, 2006.
[95] Alan Siegel, discurso en Town Hall of California Noviembre 20, 1982.
[96] El término *gobbledygook* ['jerigonza' o 'galimatías'] fue inventado por Maury Maverick, Sr., en un memorandum fechado 30 en marzo 30 de 1944 en su calidad de Presidente de la U.S. Smaller War Plants Corporation durante la Segunda Guerra Mundial. Maverick en ese memo prohibió el uso del *gobbledygook* en todo discurso oficial. Hastiado del lenguaje pomposo, el ex miembro por Texas en la Cámara de Representantes de los Estados Unidos declaró que cualquiera que utilizara las palabras 'activación' o 'implementación' sería fusilado. Gobbledygook: Definition, Synonyms and Much More, http://www.answers.com (consultada el 4 de abril de 2006).

[97] Joanne Locke, *A History of Plain Language in the United States Government* (2004), http://www.plainlanguage.gov/whatPL/history/locke.cfm (examinada Octubre 15, 2005).
[98] Ibid.
[99] Janice Redish, presidente, Redish & Associates, entrevista por el autor, Junio 6, 2006.
[100] Ibid.
[101] Cursos tales como el diseño de documentos, la simplificación del lenguaje, la retórica, y otros por el estilo fueron incluidos en muchos *colleges* y universidades, tales como la Universidad de Massachusetts y el R.P.I. y las Universidades de Washington y California del Sur.
[102] Siegel entrevista, Abril 9, 2002.
[103] Erwin Steinberg, PhD, profesor y ex-Director de la Escuela de Humanidades, Carnegie Mellon, entrevista por el autor, Octubre 14, 2005.
[104] Irene Etzkorn, consultor en Siegel+Gale, entrevista por el autor, Octubre 12, 2005.
[105] Ibid.
[106] Ibid.
[107] Morris entrevista, Octubre 28, 2005.
[108] Mary Dalrymple, *What ever happened to simplifying tax returns? AP*, Abril 15, 2006.
[109] Siegel entrevista, Julio 6, 2006.
[110] Ann Breaznell, ex alto ejecutivo y diseñador, Siegel+Gale, entrevista por el autor, Abril 8, 2006.
[111] Etzkorn entrevista, Octubre 12, 2005.
[112] Gloria Siegel entrevista, Septiembre 25, 2006.
[113] Alan Siegel, "Clarifying the Corporate Voice: The Imperative of the '90s," *Design Management Journal*, invierno 1994.
[114] *Building Strong Brands with Distinctive Voices*, Siegel+Gale, 2004.
[115] Notas del autor, entrenamiento de empleados, Siegel+Gale, otoño 1994.
[116] Ibid.
[117] Wally Olins, el consultor Britanico en branding señala que fue el primero que comparo los atributos de una corporación con los de una persona.
[118] Siegel entrevista, Julio 6, 2006.
[119] Notas del autor; ver nota 115.
[120] Alan Siegel, "Is Corporate Identity Dead?" discurso en Conference Board, Diciembre 1992.
[121] *Corporate Voice*, escrito diseñado y producido por Siegel+Gale, en una presentacion auspiciada por Crane Business Papers, Junio 15, 1989.
[122] Kelly Pender, *Glossary, Aristotle's Means of Persuasion*, http://wac.colostate.educ/books/lauer_invention/glossary.pdf. (examinada Octubre 27, 2005).
[123] Kenneth M. Morris, *Communicating with Your Customers*, Rank Xerox symposium "The Importance of the Document in the Insurance World," Junio 3, 1992.
[124] Siegel+Gale, *Chubb Case Study*, Septiembre 13, 2005.
[125] Junto con los ejecutivos de empresas de publicidad, marketing directo, y relaciones públicas, Siegel mantuvo reuniones con funcionarios de la firma Xerox para presentar las declaraciones de posicionamiento que se les había encomendado realizar. Luego de varios intercambios de ideas, Siegel mostró su proyecto *The Document Company*.

–¿Qué diablos es eso? –ladró un publicista.
Según información provista por una fuente interna, Siegel replicó:
–Si usted no lo sabe, no seré yo quien se lo explique, so burro.
Según información provista por una fuente interna, Siegel replicó:
–Si usted no lo sabe, no seré yo quien se lo explique, so burro.

[126] Ibid.
[127] Dr. Thomas Walton, PhD, *Caterpillar: Working to Establish "One Voice,"* DMI Case Studies (DMI013), 2004.
[128] Ervin entrevista, Octubre 21, 2005.
[129] *I.D.* magazine, Enero/Febrero 2000.
[130] Howard Belk, Co-Managing Director – New York, Siegel+Gale, entrevista por el autor, Agosto 9, 2006.
[131] Louis J. Slovinsky, "As a Name, Constellation Is a Black Hole," Canandaigua (NY). *Daily Messenger*, Septiembre 4, 2000.
[132] Siegel entrevista, Mayo 1, 2006.
[133] *Rude Food*, http://.co.uk/sites/rudefood/index.php?page=food/spotteddick.htm (examinada Agosto 4, 2006).
[134] Siegel entrevista, Mayo 1, 2006.
[135] Jeff Lapatine, Group Director, Naming & Brand Architecture, Siegel+Gale, entrevista por el autor, Noviembre 7, 2005.
[136] Gloria Siegel entrevista, Julio 25, 2006.
[137] Siegel entrevista, Mayo 1, 2006.
[138] Ibid.
[139] Ibid.
[140] Alan Siegel, "Digital Voice," *Identity in a Digital World*, 1996.
[141] *Dot-Com Bubble*, http://en.wikipedia.org/wiki/Dot_Com_Bubble (examinada Agosto. 11, 2006).
[142] Siegel entrevista, Julio 28, 2006.
[143] Siegel entrevista, Junio 5, 2006.
[144] Ibid.
[145] Ibid.
[146] Ibid.
[147] Ibid.
[148] Ibid.
[149] Tom Peters, "The Wow Project," *FastCompany*, p. 116, Abril 1999.
[150] Siegel entrevista, Junio 5, 2006.
[151] Ibid.
[152] Siegel entrevista, Julio 28, 2006.
[153] Siegel entrevista, Junio 5, 2006.
[154] David B. Srere, Co-Managing Director – New York, Siegel+Gale, entrevista por el autor, Agosto 8, 2006.
[155] Siegel entrevista, Diciembre 8, 2005.
[156] Resulta irónico que Samuel A. Maverick, el antecesor tejano de Maury Maverick (quien, como recordamos, creó el término *gobbledygook*) decidió no marcar sus becerros, a pesar de que estos se mezclaban con ganado marcado en campo abierto. Esta decisión se refleja actualmente en el término *maverick*, que describe a un inconformista. (Ver nota 96).
[157] *The Compact Edition of the Oxford English Dictionary* (Oxford University Press, 1986), p. 264.
[158] Scott Bedbury with Stephen Fenichell, *A New Brand World* (New York: Viking, 2002), p. 15.
[159] Ibid.

[160] Siegel entrevista, Diciembre 8, 2005.
[161] Ibid.
[162] Lucas Conley, "Obsessive Branding Disorder," *FastCompany*, Octubre 2005.
[163] Siegel entrevista, Diciembre 8, 2005.
[164] Patricia Deneroff, Group Director, Consulting, Siegel+Gale, entrevista por el autor, Junio 6, 2006.
[165] Srere entrevista, Agosto 8, 2006.
[166] Deneroff entrevista, Junio 6, 2006.
[167] Ibid.
[168] Siegel entrevista, Diciembre 8, 2005.
[169] Deneroff entrevista, Junio 6, 2006.
[170] Srere entrevista, Agosto 8, 2006.
[171] Ibid.
[172] T.S. Eliot, "The Hollow Men," *T.S. Eliot: The Complete Poems and Plays* (New York: Harcourt, Brace and Company, 1952), p. 58.
[173] www.siegelgale.com
[174] *Building Strong Brands with Distinctive Voices*, Siegel+Gale capabilities brochure, 2004.
[175] Ibid.
[176] The New School, "Eight Schools, One University," comunicado de prensa, Agosto 2, 2005.
[177] Siegel entrevista, December 8, 2005.
[178] Ibid.
[179] Ibid.
[180] Los libros 'La voz de la marca', o 'Guías de recursos para la voz' de Siegel+Gale presentan a los empleados los conceptos de Voz de la marca, es decir, el tono, la manera, y el estilo de comunicación que la distingue. Cuando la Voz de la Marca se unifica, todas sus comunicaciones comparten un espíritu, sentimiento, y actitud que le son familiares. Se rige por la tesis de que el descubrimiento de una Promesa (promesa de la marca), junto con la Conducta (atributos de la marca), y la Presentación (voz de la marca) se traducen en una plataforma unificada de la marca. Los libros arriba mencionados alientan a los empleados a reflexionar acerca de estos principios y a conducirse de modo tal que la marca adquiera mayor fuerza.
[181] *Building Strong Brands with Distinctive Voices*, folleto de Siegel+Gale, 2004.
[182] Siegel entrevista, Abril 23, 2006.
[183] Ibid.
[184] Ibid.
[185] Ibid.
[186] Ibid.
[187] Ibid.
[188] Ibid.
[189] Julius Winfield Erving II, también conocido bajo el alias de Dr. J., fue extremadamente exitoso en el campo de béisbol, y se hizo acreedor a tres títulos de goleador a lo largo de cinco temporadas de ABA. Fue también elegido cinco veces en once temporadas para los equipos All-Star de la NBA, e incluido en el Naismith Memorial Hall of Fame (1993). http://nba.com/history/players/erving_bio.html (consultada el 29 de abril de 2006).
[190] Recuedos de Claude Singer, ex-executivo Siegel+Gale, Febrero 26, 2006.
[191] Reisler entrevista, Octubre 27, 2005.

[192] Herb Schmertz, director retirado de Mobil Corporation, entrevista por el autor, Febrero 14, 2006.
[193] Eva Hardy, senior vice presidente, Dominion Resources, entrevista por el autor, Marzo 6, 2006.
[194] Harry Petchesky, New York fiscal, entrevista por el autor, Noviembre 10, 2005
[195] Gloria Siegel entrevista, Septiembre 25, 2006.
[196] Ray Olson, *Booklist* editorial review, *Step Right This Way: The Photographs of Edward J. Kelty,* (Barnes & Noble, 2002), http://www.amazon.com (examinada Abril 29, 2006).
[197] Siegel entrevista, Abril 23, 2006.

www.ingramcontent.com/pod-product-compliance
Lightning Source LLC
Chambersburg PA
CBHW030141170426
43199CB00008B/151